내 삶을 망가뜨리는 바이러스 퇴치법

십대답게 살아라

내 삶을 망가뜨리는
바이러스 퇴치법

마음이
튼튼한
청소년

십대답게
살아라

문지현 지음

뜨인돌

바이러스 감염 체크리스트

- □ 친구가 기분 상할까 봐 부탁이나 제안을 들어주는 편이다.
- □ 유행에 뒤처졌다는 얘기를 듣는 건 생각만 해도 끔찍하다.
- □ 친구가 얼굴을 찌푸리고 있으면 왠지 나 때문인 것 같다.
- □ 이성 친구가 헤어지자고 할까 봐 부탁을 거절하지 못한다.
- □ 엄마가 안 깨워 줘서 지각한 적이 많다.
- □ 시험 때 시간표 짜다 정작 시험공부는 못 한 적이 여러 번 있다.
- □ 공부하려고 마음먹으면 책상 어지른 게 눈에 들어와 청소부터 하곤 한다.
- □ 방 정리 안 한다고 엄마한테 잔소리를 들은 적이 많다.
- □ 속 이야기를 털어놓는 게 어려워 친한 친구 만드는 게 두렵다.
- □ 성격이 나쁘다는 소리를 들을까 봐 화낼 상황에서도 참는 경우가 많다.
- □ 친구한테 도움을 요청하는 게 자존심 상한다. 거절당할까 두렵기도 하고.
- □ 하는 일도 없이 맨날 바쁘다.
- □ 학원도 다니고 인강도 듣는데, 성과가 거의 없다.
- □ 걱정이 많다는 말을 자주 듣는다.
- □ 안 좋은 일이 생기면 나 때문이라는 생각이 자주 든다.

이런 걸
왜 하는 거지?

□ 부모님 때문에 내 꿈을 접었다.
□ 부모님이 나에게 기대를 많이 하기 때문에 그 기대를 저버릴 수 없다.
□ 친구나 가족들에게 오지랖 넓다는 말을 자주 듣는다.
□ 남의 잘못이 눈에 잘 들어오는 편이다.
□ 나와 남을 자주 비교한다.
□ 숙제를 내 힘으로 해 본 적이 거의 없다.
□ 신상 휴대폰이나 요즘 유행하는 옷을 새로 사 주지 않는 부모님이 밉다.
□ 다들 재미있다고, 예쁘다고 하는 것들을 봐도 느낌이 없을 때가 많다.
□ 새로운 일을 맡으면 신나고 설레기보다 난감하고 두렵다.

[20~24점] 이 책을 아직도 안 읽었다고?!
[10~19점] 마침 이 책을 읽어야 할 사람!
[1~9점]   딱 이 책으로 업그레이드될 사람!

내 속마음에 귀 기울여 보기를

"공부 좀 해라."
"너는 언제 정신 차릴래?"
"잠 좀 그만 자라."
"하루 종일 휴대폰만 붙들고 사는구나?"
"방 좀 정리하고 살아라."
"커서 도대체 뭐가 될래?"

십대들이 부모님에게 가장 듣기 싫은 말들이라고 합니다. 그만큼 이런 얘기를 많이 듣고 산다는 거겠죠. '십대!' 하면 '아무 생각 없고, 애늙은이처럼 무기력하고, 스스로 아무것도 할 줄 모르는 수동적인 세대'라고 생각하는 어른들의 마음이 잘 나타난 것이기도 하고요. 그런데… 이 말들이 그저 어른들의 잔소리에 불과한 걸까요?

접시 깨지는 소리보다 더 날카로운 엄마 목소리를 알람 삼아 눈뜨고, 엄마가 등록해 준 학원에 다니고, 아빠가 정해 준 꿈(이라기보다 직업)에 맞춰 전공을 결정하고, 학교에서 하라니까 마지못해 봉사 활동을 하고(때우고)…. 머리 모양의 획일화만큼이나 꿈도 획일화돼 가고 있는 십대들 일상을 보면 어른들의 말도 과히 틀리지는 않은 것 같습니다.

그런데 이것이 십대의 본래 모습일까요?

일제 강점기 때 나라의 주권을 회복하기 위해 애쓴 독립운동가 중에는 십대도 있었어요. 유관순 열사는 아우내 장터에서 만세 시위를 주도하다가 체포돼 모진 고문을 받고 순국했는데, 그때 나이가 만 17세였어요. 안중근 의사가 이토 히로부미를 처단할 때 함께했던 유동하 열사도 십대였어요. 유관순, 유동하 열사만 '특이하게' 십대 독립운동가로 활동했던 건 아니랍니다. 서대문형무소역사관에 가 보면 나라를 위해 목숨을 아끼지 않았던 십대 독립운동가들의 사진을 볼 수 있어요.

그뿐만이 아니에요. 사랑 때문에 목숨을 걸기도 한답니다. 셰익스피어의 『로미오와 줄리엣』을 보세요. 만난 지 며칠 만에 열렬히 사랑하고, 연인의 죽음 앞에서 주저 없이 죽음을 선택하지요. 만일 로미오와 줄리엣이 삼십대였다면? 그 후의 스토리는 여러분의 상상에 맡길게요.

이 모든 것은 에너지가 받쳐 주지 않으면 불가능한 일이에요. 이처럼 동기만 부여된다면 스스로도 예상하지 못한 저력을 발휘하는 게 바로 십대들이랍니다.

그런데 왜 보통의 십대들은 기량을 맘껏 발휘하며 살지 못하는 것처럼 보일까요? 답을 내리기 전에 여러분에게 없어서는 안 될 존재, 책상 위에 있는 컴퓨터를 떠올려 보세요.

전원 스위치를 누르자마자 부팅이 되는 새 컴퓨터를 보면, 이전에 버벅대던 컴퓨터 때문에 답답했던 마음이 뻥 뚫리는 듯합니다. 그런데 이러한 기쁨은 잠시뿐, 이걸로 수행평가 준비하랴, 자료 다운받으랴, 간간이 게임하랴, 친구들이랑 짬짬이 채팅하랴, 영화 보랴, 음악 들으랴… 한꺼번에 많은 일을 처리하다 보면 컴퓨터의 속도도 기능도 처음 같지 않죠. 귀찮아서 바이러스 검사도 건너뛰기 일쑤였으니, 팽팽 돌아가던 새 컴퓨터는 조금씩 문제가 생기다가 어느 날 갑자기 완전히 퍼지고 맙니다. 나도 모르는 사이에 바이러스까지 다운로드받아 버렸던 거죠. 내 컴퓨터를 다 파악하기 전까지는 조용히 숨죽이고 있던 바이러스가 마침내 시스템을 완전히 다운시켜 버리고서야 '이를 어째!' 하고 비명을 지르게 되는 겁니다.

사람도 마찬가지예요. 우리의 힘과 열정을 축내서 건강하게 살지 못하게 만드는 바이러스들이 있어요. 얘들을 그대로 놔둔다면 우리는 버퍼링을 반복하는 프로그램처럼 제자리걸음을 하게 되고, 목표를 향해 달려 나가야 할 때 자꾸 주저앉게 됩니다. 그런 상태가 반복되면 의식적으로든 무의식적으로든 아예 아무 생각도, 아무 시도도 하지 않게 된답니다.

여기서 저는 여러분에게 한 가지 질문을 던지고 싶어요. 많이 들어 봤을 테지만, 한번 조용히 귀 기울여 보세요.

"여러분의 꿈은 무엇인가요?"

초등학교 때부터 입시를 고민해야 하는 현실에서 꿈은 무슨 꿈이냐고요? 너무 세상 물정 모르는 소리 아니냐고요? 저는 그런 의문에 단호히 아니라고 말하겠어요. 우리 삶은 목표를 향해 달려가야 하는 긴 과정이거든요. 그리고 아무 생각도, 열정도 없이 끌려가는 것보다 자신이 정한 목표를 향해 즐겁게 달려갈 때 훨씬 큰 성과를 낼 수 있답니다.

저는 이 책에서 우리의 열정과 저력 등을 갉아먹는 것들을 바이러스에 비유해 소개했어요. 우리 친구들이 왜 끈기가 없다는 말을 듣는지, 왜 무기력한지, 왜 아무 생각도 꿈도 없는 것 같은지 원인을 발견하고 극복할 수 있기를 원해요.

도입부에는 우리 친구들의 이해를 돕기 위해 조금은 극적으로 보일 수 있는 상황을 제시했어요. 본문을 차근차근 읽다 보면 자신과 비슷한 부분을 발견할지 몰라요. 이 친구가 왜 그렇게 됐을까, 원인에 집착하기보다 오늘 당장 적용해 볼 수 있는 방법을 하나라도 실천해 보기를 권합니다.

"다 좋아요. 나도 나를 사랑하고 싶다고요. 그런데 우리 아빠 툭하면 '네가 뭘 할 수 있겠니?'라고 말해요. 그러니 제가 어떻게 저를 사랑할 수 있겠어요?"
"우리 엄마는 완벽주의자예요. 하나만 잘못해도 그냥 넘어가는 법이 없어요. 어느새 저도 그렇게 돼 있더라고요."

아마 책을 읽다 보면 이렇게 항변하고 싶을 때도 있을 거예요. 그래요. 바이러스들은 나만의 문제가 아닌 경우가 많아요. 그런데요, 가족 공동체를 흔히 유기체로 표현하거든요. 유기체를 사전에서 찾아보면 "많은 부분이 일정한 목적 아래 통일·조직돼 그 각 부분과 전체가 필연적 관계를 가지는 조직체"라고 돼 있어요. '나'라는 부분과 '부모님'이라는 부분이 서로 영향을 주고받는다는 뜻이죠. 아직은 내가 어리니 부모님의 영향과 권위 아래 있지만, 가족은 일방적인 관계가 아니기 때문에 내가 달라지면 부모님도 영향을 받게 된답니다. 당장은 그 변화가 느껴지지 않더라도 말이에요.

포기하지 마세요. 십대다운 열정으로 활기차고 힘차게 살아가는 우리 친구들의 모습을 꼭 보여 주세요. 선생님이 기다리고 응원하겠습니다.

차례

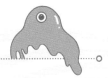

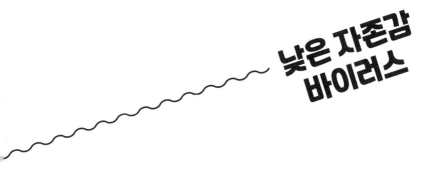

낮은 자존감 바이러스

"아, 앞머리 망했어!"

다시 고데기를 집어 앞머리를 정리하려던 찰나, 화장실 문이 벌컥 열리며 엄마가 들어왔다.

"이혜령, 아직도 안 갔어? 오늘 지각하면 안 된다고 아침도 안 먹더니!"

혜령이는 신경질적인 엄마 목소리에 깜짝 놀라 고데기를 바닥에 떨어뜨렸다.

"아, 엄마! 엄마 때문에 또 망했잖아! 이러고 학교에 어떻게 가!"

"누가 버릇없이 엄마한테 소리를 질러? 고데기 그만하고 얼른 학교나가! 그거 한다고 뭐가 좀 달라지냐?"

"내가 왜 이 공을 들이는데? 고데기 붙잡고 있는 게 싫으면 엄마가 날좀 예쁘게 낳아 줬어야지!"

"얘가 진짜! 고데기 안 해도 예쁘니까 이제 빨리 학교 가."

"몰라! 엄마 나가!"

"어머 정말 얘가? 그래! 네 맘대로 해!"

낮은 자존감
바이러스

화장실 문이 쾅 닫혔다. 시간을 확인해 보니 뛰어가도 학교에 늦을 상황이었다.

"아, 진짜! 늦었다고 말을 해 주던지!"

고데기를 팽개치고 서둘러 현관문을 나섰다. 버스 정류장으로 달려가는데 갑자기 눈물이 나올 것 같았다.

'다들 예쁜데 나만 이렇게 뚱뚱하고 못생겼어…. 인생이 뭐 이래? 못생겼으면 공부라도 잘하든가. 우리 반 1등 은지 봐봐. 못생겼어도 공부 잘하니까 선생님들이 다 좋아하잖아.'

다행히 지각은 면했다. 교실에 들어가서 앉으니 짝꿍이 내 쪽으로 기대면서 말을 걸었다.

"혜령아, 너 내가 부탁한 거 가져왔어?"

갑자기 머릿속이 새하얘진다. 얘가 나한테 뭘 부탁했었나? 뭐지?

"응? 어… 뭐였더라?"

짝꿍이 입술을 삐죽이면서 토라지는 게 보였다.

"뭐야, 너 기억도 못 하는 거야? 어떻게 이럴 수가 있냐. 너, 나한테만 그러는 거지?"

"미안해, 기억이 안 나서 그래. 말 좀 해 주라. 힌트라도 주든가."

"몰라, 말 안 해. 네가 기억해 내든지. 암튼 대실망이야."

삐진 짝꿍의 옆얼굴을 보고 있자니 마음 밑바닥에서 생각 하나가 둥실 떠올랐다.

'못생기고 공부도 잘 못하면 착하기라도 해야 하는데…. 아니, 기억력이라도 좋았어야 하는 건가? 나도 이런 내가 정말 싫다. 난 정말 왜 이 모양일까?'

선생님, 어떡하죠? ────────

"나도 내가 싫어!"

혜령이가 자기도 모르는 사이 항상 중얼거리고 있는 말이에요. 누구나 남이 나를 좋아해 주길 바라기는 하지만 혜령이는 유독 심했어요. 왜냐하면 내가 나를 싫어하니, 다른 사람이라도 나를 좋아해 주길 바라는 거거든요.

잠깐 다른 얘기로 넘어가 볼게요. 지하철에서 멍하니 앉아 있는데 맞은편 사람이 내 얼굴을 보더니 자기 오른쪽 뺨을 슬쩍 만져요. 이상한 사람이라고 생각하면서 고개를 돌렸는데 이번에도 한 아저씨가 뺨을 만지네요. 그때 옆에 앉은 아주머니가 이렇게 말씀하시는 거예요. "학생, 얼굴에 휴지 붙었어." 깜짝 놀라서 지하철 창문에 얼굴을 비춰 봐요. 아까 땀을 닦을 때 쓴 휴지가 뺨에 떡하니 붙어 있는 게 아니겠어요?

방금 나는 다른 사람들의 눈을 통해서, 그다음으론 지하철 창문을 통해서 내 모습을 봤어요. 우린 그렇게 다른 대상을 통해 자신을 봐요. 실제 '내 눈'으로 볼 수 있는 나의 모습은 제한이 많답니다. 자기 코끝은 볼 수 있지만 콧대까지 다 보기는 힘들잖아요?

낮은 자존감
바이러스

뒤통수 모양이 어떻게 생겼는지도 다른 거울을 동원하지 않으면 볼 수가 없어요. 이렇듯 다른 사람의 눈을 통해 자신을 보고 인식하는 것은 어느 정도까지는 정상이에요. 하지만 자신의 모든 것을 다른 사람들의 시각으로만 판단하려고 하면 곤란해요. 대개 자존감이 낮은 사람들이 그런답니다. 남이 나를 어떻게 볼까에 굉장히 민감하지요.

　자존감은 자신을 바라보는 시각입니다. 자존감이 높으면 자신을 귀하게 여기고요, 자존감이 낮으면 자신을 엉망으로 바라보죠. 자존감은 기억도 잘 나지 않는 어린 시절부터 남이 나를 어떻게 대했느냐에 의해 많은 부분이 결정됩니다. 예쁘다는 말을 자주 들었다면 '아, 나는 예쁘구나!' 하는 인식을 갖게 되고요. "얘는 할줄 아는 게 없어요" 같은 말을 자주 들었다면 자신에 대해 부정적인 인식을 갖게 된답니다.

　자존감이 낮은 사람은 자신이 소중한 존재라는 사실을 인정하기 어려워요. 이런 친구들은 다른 사람의 눈치를 많이 봅니다. 나의 뜻과 의견을 분명하게 말하지 못하죠.

　"너 좋을 대로 해."
　"난 아무거나 상관없어."
　"나? 글쎄…."

다른 사람들을 잘 배려한다는 소리를 많이 들을지 모르지만, 실은 남과 다른 결론을 내릴까 봐 불안해하고 남의 눈치를 자주 보는 것뿐이랍니다. 친구가 점심 먹은 게 체해서 얼굴을 찌푸리고 있는데 '혹시 나 때문인 건 아닐까?'라고 생각하면서 무엇을 잘못했는지 더듬어 보기도 하고요. 심한 경우에는 깔깔 웃고 있는 친구 중 한 명과 눈이 마주치면 자기 흉을 보며 비웃는 건 아닌지 의심하지요.

인싸가 되려고 발버둥 치고, 부모님께 협박과 애원을 통해 얻어 낸 명품으로 과시하려 들고, 최신형 휴대폰을 가지려고 하는 마음들 뒤에는 안타깝게도 낮은 자존감이 있는 경우가 많아요. 스스로 부족하다고 생각해서 어떻게든 자신의 결점을 메워 줄 수단을 찾는 거지요.

자존감이 낮은 친구들은 충분한 인정과 사랑과 돌봄을 받지 못한 경우가 많기 때문에 사람들의 사랑에 목을 매곤 해요. 의식적으로든 무의식적으로든 자주 하는 생각으로는 이런 것들이 있어요.

'엄마에게 사랑받으려면 엄마 말을 잘 들어야 해.'
'내가 거절하면 그 애는 나를 떠날 거야.'

그래서 이성 친구를 사귈 때도 의견을 분명하게 말하지 못해요. 헤어지자고 할까 봐 무리한 애정 표현도 뿌리치지 못하고요. 또래 무리에서 따로 떨어져 나오는 게 두려워 유행에 집착하기도 해요. 하의 실종 패션이 유행이면 자신에게 안 어울린다고 생각하면서도 억지로 반바지를 사러 다녀요. 그러고는 거울을 보며 '난 역시 안 돼' 하고 고개를 젓지요.

이런 친구들의 또 다른 특징은 자신에게 아주 가혹하다는 거예요. 남들이 실수하면 그럴 수 있다고 위로하면서도, 정작 자신이 실수하면 마음에 드는 구석이 하나도 없다고, 내가 정말 싫다고 맹비난을 퍼부어요.

이것은 다른 사람에게 사랑받지 못할 거라는 생각에 스스로 방어막을 치는 것이기도 해요. "난 내가 싫어!"라는 말속에는 '누구도 날 사랑하지 않을 거야. 난 그런 애니까. 하지만 적어도 난 바보는 아니야. 이렇게 내가 나를 먼저 싫어하고 있잖아?'라는 의미도 담겨 있는 거랍니다.

그뿐인가요? 이런 친구들은 툭하면 남들과 비교하며 자신의 가치와 능력을 과소평가하지요. 선배가 단짝 친구를 좋아한다는 걸 알게 됐을 때, "나 같아도 나보다는 너를 좋아하겠어. 넌 키도 크고 얼굴도 예쁘잖아"라고 말해요. 키가 크고 예쁘다고 다 그런 것만도 아닌데요. 큰 도움을 주고 상대가 고마워하면 "아니에요,

전 아무것도 한 게 없어요" 하면서 칭찬을 적극적으로 거부해요.

겸손한 거 아니냐고요? 아뇨, 이런 경우는 겸손이 아니에요. 난 아무것도 안 했다고 찌그러드는 그 이면에는 숨겨진 우월감이 자리 잡고 있는 경우가 많아요. 자신을 못마땅해하면서도 한편으로는 '나만큼 높은 기준을 세우고 끝까지 노력하는 사람도 없다!'라고 생각하는 경우가 많아요. 자존감이 낮아질수록 자신을 향한 기준은 높아지는 거죠.

지금까지 봤듯이 스스로를 사랑하지 못할 때 우리 친구들은 여러 문제를 겪어요. 그중에서도 가장 큰 부작용은 숨을 쉬고 밥을 먹고 학교에 가고 공부도 하고 있지만 거기에 아무 의욕도 용기도, 열정도 없는 거랍니다.

생각해 봐요. 다른 사람이 나를 어떻게 생각할까에 신경을 곤두세우고 있는데 내가 뭘 좋아하고, 잘하고, 원하는지 관심 가질 겨를이 있을까요? 그리고 목표를 향해 즐겁게 달려 나갈 힘은 있을까요? 그 길에서 만나는 수많은 장애물을 넘어가면서 말이죠. 아니, 그전에 자신의 가치를 인정하지 않는 사람이 꿈과 의욕을 가질 수나 있을까요? 사람에게는 누구나 인정받고 싶은 욕구가 있어요. 인정받을 때 발전 욕구가 생기지요. 그런데 자기를 사랑하지 못하는 사람은 자기를 전혀 인정해 주지 않거든요. 그러는 동안 꿈에 대한 욕구도, 꿈을 향해 달려갈 열정도, 위기를 극복할 힘도, 모두 상실해 버리고 맙니다.

　이래서 살아가는 데 필요한 가장 중요한 에너지는 나를 사랑하는 데서 나온다고 하는 거랍니다. 부모님이나 친구의 존재도 중요하고 꿈과 목표도 중요하지만, 지치고 무너져도 다시 일어나게 하는 원동력은 바로 자신을 사랑하는 것에 있음을 꼭 기억하세요.

이렇게 해 봐요! ────────

충분한 사랑과 관심을 받지 못해서 자기를 사랑하지 못하게 됐다고 이야기하는 친구들이 있다면, 정말 안타깝고 마음이 아픈 일이지요. 다시 아기 때로 돌아가서 사랑과 관심을 받게 할 수 있는 것도 아니니, 어떻게 하면 좋을까요? 비록 우리에겐 그럴 수 있는 타임머신도 다른 수단도 없지만, 자신을 사랑하도록 돕는 방법들은 얼마든지 있어요. 지금부터 나를 사랑하는 연습을 시작해 보자고요!

──────── 복식 호흡으로 긍정적인 기분을 되찾아 보세요
우리 몸은 마음과 떼려야 뗄 수 없는 관계를 맺고 있지요. 기분이 좋아지지 않는다면, 먼저 몸 상태를 좋아지게 만들어 보는 거예요. 몸이 편해지면 기분도 나아져요. 그러면 스스로를 조금 더 편하게 바라볼 수 있게 되죠.

❶ 편안한 자세로 앉아서 눈을 감고 몸의 긴장을 풀어 보세요. 찌푸린 미간을 펴고, 입은 약간 벌리세요. 숨을 억지로 크고 깊게 쉬려 하지 말고, 평소보다 조금 느리게 규칙적으로 쉬어 보세요. 한 손은 배 위

에, 다른 한 손은 가슴 위에 얹고 배 위의 손이 오르내리는 느낌에
집중하면서 숨을 쉬세요. 배 안에 풍선이 있다고 상상하면 더 쉽게
할 수 있어요. 숨을 들이쉴 때 공기가 흘러들어 배와 폐를 채우는 것
을 상상해 보세요. 신선한 공기가 뱃속으로 먼저 들어와 가슴 꼭대
기까지 차오릅니다. 같은 방식으로, 숨을 내쉴 때 공기가 폐에서 먼
저 나오고 그다음에 배에서 나온다고 상상해 보세요.

❷ 천천히 고르게 깊은숨을 쉬면서 머릿속으로 좋아하는 사람, 멋진
경치, 사랑스러운 이미지를 그려 보세요. 귀여운 강아지를 떠올려
도 좋고, 좋아하는 사람을 떠올려도 좋아요. 마음의 안정을 찾을 수
있도록 녹색이 가득한 숲이나 푸르게 펼쳐진 바다를 연상하는 것도
좋지요. 코로 숨을 들이쉰 뒤 입으로 내뱉으면서 내가 좋아하는 단
어를 이야기하는 것도 한 가지 방법이에요. '괜찮아' '평화롭다' '사
랑해' 등 뭐라도 좋아요. 호흡의 속도를 천천히 하기 위해 숨을 들이
쉬고 내쉴 때마다 천천히 셋(들숨), 넷(날숨)을 세도록 합니다. 들이
쉬는 숨보다 내쉬는 숨의 길이를 길게 하는 게 중요해요.

❸ 복식 호흡을 하다 보면 긴장이 풀어지고 마음이 평화로워질 거예
요. 이때 정신을 집중하고 나를 사랑하기 위한 실천 지침을 떠올려
보세요. '나를 사랑하려면 어떻게 해야 할까?' 당장은 답을 얻지 못

할 수도 있어요. 하지만 그저 질문을 던지는 것만으로도 마음이 편해질 수 있답니다. 매일 집에서 5~10분간 이 과정을 연습해서 일상생활의 한 부분으로 만들면 좋습니다.

———————————————— 자신을 마음과 몸으로 안아 주세요
학교와 학원에 시달리고, 나 자신에게조차 무시당해서 의기소침해진 나에게 이렇게 말해 주세요.

"야, 실은 나 너 사랑해. 지금 당장 그 마음을 표현할 순 없지만 노력할게."

확신에 찬 목소리로 말이에요. 안 하던 말을 하려니 오글거릴지 모르지만, 한 번 입을 때면 이런저런 말을 건넬 수 있을 거예요. 자신의 좋은 점과 남들보다 잘하는 것도 하나씩 꼽아 보며 얘기해 주세요. 또 좋은 방향으로 변하려고 하는 자신을 칭찬해 주고, 실패했던 일은 용서해 주세요. 자신이 영 마음에 들지 않고 짜증 나는 것만 떠오른다고요? 자신이 실패작인 것 같은가요? 미국 신학자 프레드릭 비크너는 이렇게 말했어요. "신의 은혜는 이런 것이다. 당신이 존재하지 않을 수도 있었지만 당신은 존재하고 있다. 왜냐하면 당신의 삶은 당신이 꼭 있어야만 완성되는 잔치이기

때문이다.”

　친구를 위해 깜짝 파티를 준비했는데 친구가 오지 않는다면 그 파티는 아무런 의미가 없듯이, 내 삶 역시 내가 빠지면 아무런 의미가 없어요.

　이게 마음으로 안아 주는 방법이라면, 실제 몸으로 안아 주는 방법도 소개할게요. 이름하여 ‘나비 포옹법’인데요. 갑자기 긴장돼 가슴이 두근대거나 괴로운 장면(생각)이 떠오를 때, 이것이 빨리 지나가게끔 자기 몸을 좌우로 두드리면서 안심시키는 방법이기도 해요. 두 팔을 가슴 위에 교차시킨 상태에서 양쪽 팔뚝에 손을 두고, 나비가 날갯짓하듯이 좌우를 번갈아 가면서 10~15번 정도 살짝살짝 두드리는 겁니다. 셀프 토닥토닥하는 방법이라고 생각하면 이해가 될 거예요. 고생하면서 애쓴 나를 안아 주면서 다독이는 시간을 가져 보세요.

━━━━━━━━━━━━━━ 자기 비난에 집착하지 않기로 해요

　“날아가는 새가 내 머리 위에 똥을 싸는 건 어쩔 수 없지만 새가 내 머리에 둥지를 짓도록 내버려 두는 건 내 책임이다.”

　『탈무드』에 나오는 얘기예요. 사람은 자기 마음에 자리를 잡도록 허락한 것들에 대해 책임을 져야 해요. 누구나 실수할 수 있

어요. 누구나 우울할 때가 있고요. 하지만 자기 비난이 마음에 둥지를 틀지 않게끔 하겠다고 결심하세요.

나를 하찮게 생각한다고 해서 나의 실제 가치가 깎이는 건 아니에요. 하지만 그런 생각은 점점 얼굴로, 삶으로 드러난답니다. 어둡고 의기소침한 사람에게 호감을 느끼는 사람은 별로 없지요. 자기 비난은 사람들의 사랑에 목을 매는 악순환을 낳을 뿐이랍니다. 내 마음속에 시도 때도 없이 떠오르는 비난의 목소리들을 그냥 흘려보내면 제일 좋겠지만, 잘 안될 것 같으면 '그래도'로 시작되는 말을 덧붙여 보세요. '난 왜 이렇게 못생겼을까?'에서 끝나지 말고 '난 왜 이렇게 못생겼을까? 그래도 머릿결이 좋으니 다행이야'라고 덧붙인다든가, '나는 잘하는 게 하나도 없는 것 같아'에서 끝나지 말고 '나는 잘하는 게 하나도 없는 것 같아. 그래도 뭔가 해 보려는 마음이 있으니 다행이야'라고 덧붙이는 식이죠.

────────────────────────── 자기 의견을 밝혀 보세요

'이 말을 하면 애들이 싫어할 거야. 하지 말아야지.' '이 얘기는 애들이 별로 재미있어하지 않을 거야. 그냥 듣기나 해야지.' 이러다 보면 나중에는 자기 의견이 무엇인지도 모르게 돼요. 아주 사소한 일이라도 자기 의견을 분명히 밝히려고 노력해 봐요.

낮은 자존감
바이러스

◦ 나의 의견 밝히기 ◦

• 영화를 볼 때

나는 공포 영화보다는 ～～～～～～～ 이/가 좋아.

그 영화 말고 ～～～～～～～ 은/는 어때?

• 메뉴를 고를 때

예 우리 자장면 먹을래?

나는 ～～～～～～～ 이/가 먹고 싶어.

오늘은 ～～～～～～～ 이/가 유난히 땡기는 걸?

• 친구가 들어주기 어려운 부탁을 한다면?

～～～～～～～～～～～～～～～～～～～～～～

～～～～～～～～～～～～～～～～～～～～～～

• 내 옷을 살 때 친구가 자기 스타일을 강요한다면?

～～～～～～～～～～～～～～～～～～～～～～

～～～～～～～～～～～～～～～～～～～～～～

─────────────────────────── "아니"라고 말해요

자기 의견을 밝히는 것에서 한 발짝 더 내디뎌 보죠. 아무 때나 아니라고 우기는 건 곤란하겠지만, 이건 아니다 싶을 때는 분명하게 말해 보세요.

네? 아니라는 말을 원래 못 한다고요? 설마요! 어린아이들을 보세요. 만 두 살이 되면 자기 생각을 표현하기 시작하는데 이때 제일 먼저, 그리고 많이 쓰는 말이 "아니야" "싫어"랍니다. 거절은 모든 사람에게 있는 일종의 본능이에요.

단, 거절할 때 감정적으로 하지 않도록 조심하면 돼요. 짜증이 나서 "안 해!"라고 내뱉지 않게끔요. 부탁을 들어주고 싶지만 능력이 부족하고 상황이 안 돼서 그렇다고 설명해 주는 게 좋아요.

어떤 경우든 세상 모두를 만족시킬 수는 없어요. 정 안되면 누군가의 기분이 상하더라도 할 수 없는 것은 할 수 없다고 정확하게 말해야 해요.

─────────────────────── 시간을 들여 자신을 들여다보세요

다른 사람들의 이야기는 잘 들어 주면서 정작 내 생각, 내 느낌에는 귀를 막고 있지 않나요?

먼저 내 모습을 들여다보세요. 일기를 쓰는 것도 아주 좋아요. 길이는 상관없어요. 꾸준하게 써 보세요. 오늘 무슨 일이 있었는

지 주욱 나열하는 신문 기사 같은 일기가 아니라 철저하게 나, 그리고 나의 기분(감정, 느낌)이 중심인 일기를 쓰는 거예요.

— 오늘 진희가 남학생에게 고백을 받았다. 내색은 안 했지만 사실 질투가 났다.
— 수업 시간에 발표를 했다. 선생님이 별로 칭찬을 해 주지 않아서 속상했다. 뭐가 문제일까 생각해 봤지만 도무지 모르겠다. 난 잘한 거 같은데….

이렇게 일기를 쓰다 보면 내 감정이 어떻게 흘러갔는지 확인해 볼 수 있을 거예요. 어렵게 생각하지 마세요. 손글씨 쓰기를 좋아하거나 예쁜 노트를 좋아하면 이참에 한 권 장만하고요. 짧은 일기 쓰기 앱도 다양하게 나와 있으니 한번 잘 찾아보세요. 지금 당장 시작하는 게 중요해요.

─────────── 모두를 만족시킬 수 없다는 걸 받아들여요

세상에서 가장 쉬운 일은 자기 마음 바꾸기라고 하죠. 하지만 잘 알고 있지 않나요? 자기 마음을 바꾸기가 얼마나 어려운지 말이에요. 그러니까 이 말은, 다른 사람의 마음을 바꾸는 일은 정말 어렵고 심지어 불가능할지도 모른다는 뜻을 담고 있어요.

다른 사람들을 위해 뭔가를 할 수는 있어요. 하지만 그들의 마음까지 얻을 수는 없답니다. 그림을 그려 줘도 뒤에서 욕하는 친구가 있을 것이고, 그려 주지 않더라도 나를 좋아하는 친구가 있을 거예요. 모두가 나를 좋아해 주기를 기대하지 마세요. 모두의 사랑을 받아야만 한다는 건 자존감이 낮아 나 자신의 인정만으로는 충분하지 않으니 다른 사람의 인정과 사랑을 받아야만 한다는 주장과 똑같아요. 설령 세상 모두가 나를 좋아한다고 하더라도 내가 나를 인정해 주지 않으면 내 마음은 계속 텅 빈 느낌이 들 겁니다. 이와 반대로 세상 모두가 나를 좋아하지 않아도, 내가 나를 인정하고 사랑할 때 내 마음은 무럭무럭 자랄 수 있답니다.

탓쟁이 바이러스

민정이는 점심시간에 교실에 혼자 남았다. 아까 아름이가 같이 급식 먹으러 가자고 반으로 찾아왔지만, 속이 안 좋다고 하면서 그냥 보냈다. 아름이는 약간 걱정스러운 얼굴을 했지만 민정이가 괜찮으니 가라고 해서 다른 애들과 웃고 떠들면서 나갔다.

'것 봐, 우리 사이가 이렇게 꼬인 건 다 아름이 쟤 때문이야.'

민정이와 아름이 사이가 처음부터 이랬던 것은 아니다. 민정이는 말이 없는 편이었고, 아름이는 멀리서 이사 와서 학교며 사람들이 모두 낯설었다. 끼리끼리 친해지고 난 뒤에 민정이와 아름이만 남았고, 자연스럽게 둘은 친구가 됐다.

민정이는 조용하고 깔끔한 성격인 반면 아름이는 덜렁거리고 목소리도 큰 편이라 척 봐도 둘은 많이 달랐다. 그래도 민정이는 '혼자 있으면 심심하고 불안했는데 잘 됐지 뭐' 하며 아름이와 가까이 지냈다. 문제는 여름 방학이 지나면서 아름이가 헤어스타일을 쇼트커트로 바꾸면서 생겼다. 그전까지는 민정이도 아름이도 그렇게 눈에 띄는 편이 아니었는데, 뒤통수 모양이 드러나 보일 정도로 짧게 자르니 키도 크고 늘씬했던 아름이는 한순간에 눈에 확 띄는 아이가 됐다. 보이시한 매력이 돋보이니 관심을 갖는 친구들이 여럿 생겼다. 아름이가 다른 아이들과 어울리기 시작하자 민정이는 조용히 친구를 원망했다.

'나랑 같이 있으면서 재미있지도 편하지도 않았나 봐? 그럼 진작 그렇다고 말을 해 줬어야지.'

집에 갈 때 민정이와 아름이 사이에 끼어드는 아이들이 생기자 민정이는 또 아름이를 원망했다.

'나랑 같이 집에 가야 한다고 거절을 했어야지. 자꾸 사람이 느니까 정신이 없잖아.'

아름이는 인기가 점점 많아졌다. 친구가 많아지다 보니 아름이도 신이 났는지 말도 더 재미있게 하고 재치가 생기는 게 눈에 보일 정도였다. 그럴 때도 민정이는 속으로 원망만 했다.

'그래, 나와의 우정은 아무것도 아니었다 이거지? 너 잘났다 참.'

아름이의 옆자리를 놓고 다른 아이들과 경쟁하는 것처럼 느껴지는 현실이 싫었다. 공부로 경쟁하는 것도 지긋지긋한데 친구 옆자리를 놓고 싸워야 하나? 오늘처럼 마침내 혼자 있기를 택하면서, 민정이는 끝까지 아름이를 원망했다.

'시끄러운 거 싫어하는 내 성격을 잘 알 텐데 애들이랑 한 무더기로 몰려오다니…. 나를 친구로 생각하긴 하는 거야? 됐어, 이제는 정말 혼자

가 편하다고.'

민정이는 책상에 엎드렸다. 하지만 마음 깊은 곳에서 '이게 정말 편한 건

가?' 하는 찬바람이 한 가닥 지나갔다.

탓쟁이
바이러스

선생님, 어떡하죠? ——————

보통의 사람이라면 위기를 모면하기 위해 다른 사람 핑계를 댔다가도 마음이 곧 불편할 거예요. 자기가 하는 이야기들이 어디까지나 남 탓에 불과하다는 걸 알고 있기 때문이죠. 하지만 탓쟁이 바이러스에 감염되면 정반대의 현상이 나타난답니다. 다른 사람을 원망하면 마음이 아주 편해져요. 무슨 일이 생기든 다른 사람 탓으로 돌리면 그만이고요. 나 때문이라고 괴로워할 필요가 없죠.

"엄마가 안 깨워 줘서 지각했잖아!"
"네가 수업 시간에 말 거는 바람에 쌤한테 혼났잖아!"
"내 얼굴이 이게 뭐야? 아빠 닮아서 여드름투성이잖아. 피부과를 보내 주든지."

남을 탓하는 것은 달콤한 초콜릿을 먹는 것과 같아요. 사실 초콜릿이 나쁘기만 한 건 아니에요. 일단 맛있기도 하고요. 당이 떨어져서 피곤할 때나 시험을 앞두고 당분 보충이 필요할 때 초콜릿은 필수! 그런데요, 초콜릿을 많이 먹으면? 입맛이 떨어지거나 영양 불균형이 생기고, 이가 썩을 수도 있죠. 초콜릿만 계속 먹으면 어떻게 될까요? 건강에 빨간 신호등이 켜지는 건 시간 문제일 거예요. 남 탓도 이와 같아요. 가끔, 그리고 잠깐 하는 건 별문제가 안 돼요. 그렇지만 남 탓을 많이 하거나, 또는 남 탓만 계속한다면 여러 가지 문제가 발생하지요. 대표적인 것이 자신이 가져야 할 결정권을 상대방에게 넘겨주는 거예요.

　말이 좀 어렵죠? 간단한 예를 들어 볼게요. 늦게 오는 친구를 기다리다가 짜증이 난 사람이 있어요. 씩씩거리면서 이렇게 말하고 있을 거예요. "내가 얘랑 시간 약속을 다시는 하나 봐라. 아, 짜증 나!" 이 친구가 화난 건 누구 때문 같아요? 네, 맞아요. 일차적으로는 늦게 온 친구 때문이에요. 그런데 조금 더 깊이 생각해 보세요. 친구를 기다리면서 화가 잔뜩 난 이 친구에게는, 결정할 수 있는 권한이 있거든요. 기다리는 시간 동안에 화를 낼 것인지, 음악을 들을 것인지, 다른 친구와 전화 통화를 할 것인지, 집으로 돌아갈 것인지 등등 아주 다양한 결정권이 있어요. 그런데 그저 화를 내기로 '결정한' 상태라면, 자기 자신이 정한 이유로 화를 냈다는 게 정확한 설명일 거예요. 물론 지각하는 친구가 잘했다는 건 아니지만 화를 낼 건지, 딴생각을 할 건지, 거리 풍경을 구경할 건지, 잠깐 사이에 게임을 할 건지, 다양한 결정을 할 수 있는 권한이 있다는 걸 아는 건 무척 중요해요.

　결정권을 넘겨주는 또 다른 경우를 볼게요. 잠깐 거울 좀 볼까요? 오늘 내 얼굴, 좀 어떤가요? '헉, 순정 만화를 찢고 나왔나봐!' 할 만한 외모를 가진 극소수를 제외하면 자기 외모에 100퍼센트 만족하는 친구들은 없을 거예요.

약간 처진 눈이 마음에 안 들고, 입이 튀어나와 보이는 게 짜증 나고, 거기에 피부 트러블까지 한몫 낀다면 기분이 확 상하죠. 못나게 낳아 준 것에 그치지 않고 치과, 피부과, 성형외과 보내 줄 능력도 마음도 없는 부모님을 맹비난하기 쉬울 거예요. 그런데요, 외모와 관련해서 내가 할 수 있는 일이 정말 하나도 없나요?

부모님 탓만 하면서 계속 신경질을 낸다면, 짜증 낼 동안 펑펑 쏟아지는 스트레스 호르몬 때문에 피부는 더 엉망이 될 거예요. 손을 자주 씻고 얼굴 만지는 횟수를 줄이기만 해도 작은 여드름은 줄어든다고 하죠. 낮밤 바뀌지 않고 제시간에 잠만 자도 다크서클은 사라지고요. 참, 미소가 가장 좋은 화장품이라는 이야기 들어 본 적 있으세요? 똑같은 얼굴이어도 찌푸린 얼굴로 바라보는 내 모습과 미소를 살짝 머금은 내 모습은 차이가 나잖아요. 그렇듯 지금 당장 병원으로 뛰어가지 않아도 외모를 위해 내가 할 수 있는 것들이 있어요.

다른 사람을 탓하는 습관은 남을 원망하는 만큼 그 사람을 의지한다는 뜻이기도 해요. 사람은 어느 정도 나이가 들 때까지는 전적으로 주위 어른들에게 의지할 수밖에 없어요. 갓 태어나자마자 걸을 수 있는 다른 동물들과 달리 사람은 걷기는커녕 기기까지도 몇 달이란 시간이 걸리지요. 그래서 한 아기가 잘 자라기 위해서는 전적으로 의존할 대상이 있어야 한답니다. 그런데 이건 어느 시기까지만 해당되는 이야기이지, 계속 그래서는 안 되거든요. 넘어져도 혼자 일어설 수 있어야 하고, 서툴러도 해 봐야만 해요. 자꾸 다른 사람에게 의지하다 보면 혼자 할 수 있는 일들이 점점 줄어들어요. 의존 성향이 점점 더 강해지는 동안 나 자신의 힘은 점점 더 약해지지요.

앞에서 이야기한 민정이와 아름이를 봐도 그래요. 아름이라고 일부러 민정이를 나 몰라라 한 건 아닐 텐데, 부루퉁해 있거나 속으로 원망만 하는 민정이를 계속 받아주기란 쉽지 않았을 거예요. 물론 아름이도 민정이도 다 잘한 건 아니지만, 최소한 아름이는 친구를 원망하면서 '네가 나한테 그렇게 쌀쌀맞게 구니까 내가 다른 친구들에게 마음을 여는 거잖아!' 하고 탓하지는 않았지요.

혼자 서 있을 수도 없을 만큼 기운이 다 빠져 버린 사람에게 '삶의 목표' 같은 이야기는 전혀 와닿지 않을 거예요. 그런데요, 어디로 가야 할지 모른 채 가는 길이 얼마나 힘든지 아세요? 그 과정에서조차 다른 사람에게 기대어서 "나 어떻게 살아야 하지?" 물어보고 싶을지도 모르겠어요. 하지만 내가 아닌 다른 사람은 내 인생의 목표가 무엇이어야 할지 대답해 주고 싶어도 해 줄 수가 없답니다. 나를 정말 사랑하는 엄마나 아빠조차 도와줄 수는 있어도 대신해 줄 수는 없어요.

그렇다고 무조건 '어쨌든 살아야지!' 해서는 안 됩니다. 왜냐하면 우리 인생은 살아 낸다는 결과도 중요하지만 그 과정도 중요하기 때문이에요. 이걸 우리에게 익숙한 '먹는 것'으로 설명해 볼게요. 음식을 먹는 가장 큰 목적은 내 몸에 필요한 에너지를 공급하는 거예요. 하지만 우리가 꼭 에너지 공급을 위해서만 음식을 먹는 건 아니잖아요? 친구들이랑 신나게 수다를 떨면서 떡볶이를 먹을 때, 생일날 사람들의 축하를 받으며 음식을 먹을 때, 또 설레는 마음으로 이성 친구와 음료수를 마실 때처럼 즐거움을 위해서 먹는 경우도 많아요.

우리의 일상도 그래요. 결과를 위해 노력하지만, 그 과정에서 얻는 즐거움과 성취감도 놓쳐서는 안 됩니다. 그런데 다른 사람을 탓하다 보면 우리는 과정을 건너뛴 채 결과만 바라보게 돼요.

"내가 이걸 못한 건 너 때문이야!"

네, 못할 수 있어요. 그런데 그냥 못한 것으로 끝나면 안 돼요. 못한 그 과정에서 내가 어떤 걸 느끼고 경험했는지가 중요한데, 다른 사람을 쳐다보면서 원망하는 동안에는 그런 것들이 통째로 사라져 버리고 '못했다' '너 때문' 이것만 남아 버리거든요.

탓쟁이 바이러스는 삶의 에너지를 갉아먹는다는 점에서 정말 해로운 녀석이에요. 앞에서 말한 것처럼 내 삶의 결정권을 다른 사람에게 넘겨준 사람이 열심히, 힘차게 움직일 필요가 뭐가 있겠어요. 결과가 나쁘면 부모님 탓, 선생님 탓, 친구 탓을 해 버리면 그만인데요.

남 탓하는 사람들이 열정을 갖기 어려운 또 하나의 이유는 도전 욕구가 없다는 거예요. 열정이 있는 곳엔 도전과 모험이 뒤따르기 마련이고, 그러다 보면 실수나 실패도 하게 되죠. 잘 안되고 꼬이는 상황을 겪으면서 자신이 할 수 있는 것과 할 수 없는 것을 깨달아 가고요. 그런데 남 탓하는 사람들은 자신의 잘못을 인정하지 않고 문제의 진짜 원인을 찾아 극복하려는 마음이 없기 때문에 원하는 바를 이룰 확률이 높지 않아요. 그러니 좀처럼 도전하려 들지 않는답니다.

"그런데 선생님, 정말 친구가 잘못한 경우도 있잖아요. 제 여자 친구에게 먼저 불쾌한 말을 한 건 그 녀석이었다고요. 저는 여자 친구 편을 들고 싶었을 뿐이에요."

맞아요. 엄밀히 따져 보면 다른 사람의 잘못인 경우도 많지요.

다만 '누구 때문'인지를 따지는 게 중요한 것이 아니라는 사실을 말하고 싶은 거예요. 소설가 베르나르 베르베르는 『상대적이며 절대적인 지식의 백과사전』이라는 책에서 장애물을 맞닥뜨렸을 때 사람과 개미가 보이는 최초의 반응에 대해서 설명해요. 사람은 '왜 이런 문제가 생긴 거지? 이것은 누구의 잘못이지?'라고 생각하며 잘못을 한 사람을 찾고 그에게 내릴 벌을 찾죠. 반면 개미는 '어떻게, 누구의 도움을 받아서 이 문제를 해결할 수 있을까?'라고 생각한대요. 베르나르 베르베르는 '왜 일이 제대로 되지 않았을까?'라고 자문하는 사람들과 '어떻게 하면 일이 제대로 되게 할 수 있을까?'라고 자문하는 사람들 사이에 커다란 차이가 생기는 것은 자명하다고 말하죠.

'왜?'를 묻는 게 뒤를 돌아보는 거라면, '어떻게?'를 묻는 건 앞을 바라보는 거라고 생각해요. 뒤를 돌아봐야 할 필요가 있을 때는 그렇게 해야겠지만, 뒤만 돌아보면서 걷다가 넘어지는 일이 없기를, 씩씩하게 잘 걸어가기를 바라는 마음입니다.

이렇게 해 봐요! ———————

사람은 무슨 일이 일어났을 때 본능적으로 이유를 찾고 싶어 한답니다. 의학이 발달하지 못했던 옛날에는 심하게 아프면 귀신 쫓는 굿을 했다죠. 뭐라도 이유를 찾아 탓을 돌리면 마음이 우선 편해지니까요. 그렇다고 병이 나았을 리가 없죠? 책임을 떠넘길 대상을 찾는 것은 이와 같아요. 진정한 해결책이라고 할 수 없죠.

——————— 다른 사람들의 이야기에 끝까지 귀를 기울여 보세요
남을 쉽게 탓하는 사람들은 남의 말도 잘 듣지 않아요. 상대방이 하는 이야기가 부정적이라고 느끼는 그 순간부터 '어떻게 방어를 할까?' '누구 핑계를 대고 내 잘못을 덜어 볼까?' 하는 생각부터 하기 때문이에요. 그러니 상대방의 이야기를 잘 들을 수가 없지요. 혹시 나는 피해 의식에 사로잡혀 있는 건 아닐까요? 상대방은 그저 자기 생각을 말하는 것뿐인데, 나를 향한 비난으로 받아들이고 있는 건 아닌가요? 고슴도치가 가시를 세우듯 잔뜩 움츠러들어 까칠하게 굴지만 말고, 상대방이 어떤 의도로 이야기하는지 귀를 기울여 보세요. 내가 할 말들을 준비하지 말고 조용히 상대방의 이야기를 들어 보는 거예요. 나도 모르게 변명이나 탓이 튀어

나갈 것 같으면 입술을 꽉 깨물어도 좋아요.

──────────────── 내가 자주 탓하는 것들을 적어 보세요
'날 그렇게 힘들게 했는데 원망 좀 해도 되잖아'라며 핑계 대지 말
고요. 머리로만 생각하는 건 의미가 없어요. 눈으로 볼 수 있도록
써야 효과가 있답니다. 당장 마음이 불편하니까 남에게 미루는 것
은 없는지 적어 보는 거예요.

예 1-1

나는 언니 탓을 할 때가 많다. 나보다 언니가 공부도 훨씬 잘하고 성격
도 얌전한 편이라서, 다들 언니만 칭찬한다. 언니 때문에 내가 더 못나
보이는 것 같아서 언니 탓을 하게 되는 것 같다.

예 2-1

나는 친구가 적은 게 우리 집이 넉넉하지 못해서 그렇다는 생각을 많이
한다. 부모님이 돈을 잘 못 버니까 용돈을 조금밖에 안 줘서 친구들이랑
놀러 다니지도 못하고 친구들에게 한턱 쏘지도 못하니까 친구가 없는
거다.

다 적었다면 다음 단계로 가 봐요!

—— 정말 내 역할이 없었는지 가슴에 손을 얹고 생각해 보세요

자신에게 솔직해져 보는 시간이에요. 손바닥도 마주쳐야 소리가 난다고 하잖아요. 분명 누군가의 잘못으로 사건이 터졌다 하더라도, 나의 역할이 전혀 없었다고 말하긴 어려워요. 잘잘못을 따지려고 하는 게 아니니까, 조금이라도 나의 역할이 있었다고 생각되는 부분들을 적어 보세요.

예 1-2

언니가 공부할 때 TV 보면서 놀기는 했다.

예 2-2

친구들에게 돈을 써서 잘해 주는 것 말고는 친해지는 방법을 잘 모르는 게 사실이다.

자, 이제 마지막 단계로 갑니다.

──────────── 내가 책임질 수 있는 부분들을 적어 보세요

사소한 일이건 큰일이건, 내가 책임질 수 있는 부분들을 쭉 나열해 보세요.

예 1-3

잘난 언니를 둔 건 운명인데, 난 내 운명을 바꿀 수 없을 것 같다. 그렇지만 언니와 비교당하지 않아도 되는 노래 실력은 스스로 키울 수 있다.

예 2-3

부모님이 용돈을 조금밖에 안 주는 현실은 달라지지 않겠지만, 부모님과의 약속을 지켜서 상으로 받는 돈은 놓치지 말아야겠다.

──────────── 쉬운 것부터 스스로 해 보세요

혼자서 해낼 수 있는 힘을 키워 본 적이 없다면 처음엔 어려울 거예요. 그래서 아주 작은 일, 금방 해낼 수 있는 일부터 시작하는 게 중요하답니다. 예를 들어서 책가방 정도는 스스로 챙겨 보는 거예요. 밥을 먹고 난 뒤에 자기가 사용한 수저와 밥그릇을 설거지통에 넣는 것도 해 볼 수 있겠죠? 이렇게 작은 일을 해내면서 성취감을 느끼고 나면 더 큰 일도 혼자서 할 수 있는 용기가 생길

거예요. 지금 당장 스스로 할 수 있는 일들을 적어 봐요.

~~~~~~

~~~~~~

——————————— 스스로 할 수 있는 새로운 일에 도전해 보세요

어색하고 두렵더라도 새로운 일에 도전해 보세요. 나 아니면 할 수 없는 그 무언가를 찾아가는 과정이 될 거예요. 무엇이 새로운 도전이 될지는 사람마다 다르겠죠? 어떤 사람에게는 인터넷에서 줄거리를 찾아보는 대신 책을 직접 읽는 게 될 수 있어요. 조별 활동에서 항상 뒷전으로 물러나 있던 친구라면 조금 욕심을 내서 조장을 맡아 보는 것일 수도 있겠죠. 집에서라면 강아지를 혼자 산책시키고 목욕시키는 것도 좋겠네요.

　어떤 일인지는 중요하지 않아요. 다만 지금까지 내가 할 수 있다고 생각하지 못했던 일, 하지만 한 번은 해 보리라 마음먹었던 일들을 조금씩 시도해 보세요. 그러면 다른 사람에게 의지하지 않고 새로운 일을 시작할 수 있는 용기가 생길 거예요. 첫술에는 배가 부르지 않다는 것을 기억하면서 천천히~! 아시겠죠?

————————————————————— 부모님과 대화해 보세요

안타깝게도 부모님이 격려해 주기보다 화를 자주 내는 편이라면

책임을 떠넘기는 게 습관이 되기 쉬운 환경 속에서 살고 있을지도 모르겠어요. 혼나는 걸 좋아하는 사람은 없으니까요. 만일 그렇다는 생각이 든다면, 부모님께 진지하게 말씀드려 보세요. 남 탓하는 비겁한 사람이 되고 싶지 않은데 자꾸 그렇게 된다고, 잘못을 인정하고 노력할 테니까 조금만 더 여유 있게 대해 달라고 말이에요. 우리 엄마, 우리 아빠는 그런 얘기가 통할 사람이 아니라고요? 미리 단정 짓지 말기를 부탁드려요. 물론 용기가 필요한 부분일 거예요. 또 내 말 한마디에 부모님이 달라지지 않는다 하더라도, 내가 이제는 어린아이가 아니라는 걸 부모님이 생각해 보게 하는 기회가 될 수 있어요.

만일, 그렇게 말씀드렸다가 된통 야단만 맞는다고 해도 포기하지 마세요. 이 모든 것이 나의 문제를 바로 보고 바로 잡기 위한 노력임을 나 자신에게 분명히 해 두는 기회는 됐을 테니까요. 자기 일을 스스로 결정하고, 그 일을 책임지는 자기주도형 십대, 얼마나 멋진가요? 그런 십대로 거듭나길 원한다면 가장 만만한 것 하나만이라도 실천해 보세요!

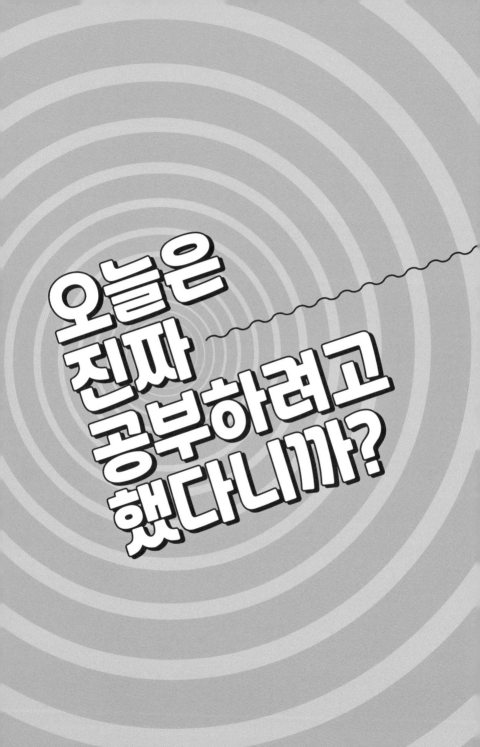

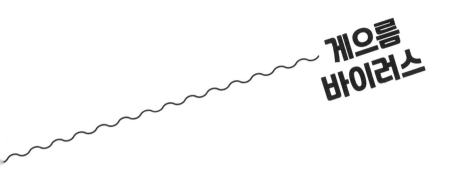

게으름
바이러스

학교에서 돌아온 창선이는 방에 들어서자마자 책가방을 벗어 던졌다.
방은 난장판이었다. 책 무더기에, 아무렇게나 벗어 던져둔 티셔츠에 청
바지, 온갖 쓰레기까지…. 괜한 짜증이 울컥 치솟았다.

"에이 씨!"

때마침 동생이 방으로 고개를 쑥 들이밀었다.

"형 왔어? 엄마가 형이랑 먹으라고 핫케이크 만들어 놨어."

"너나 실컷 먹어! 괜히 방으로 갖고 와서 부스러기 떨어뜨리지 말고."

"괜히 나한테 짜증이야. 부스러기 좀 떨어뜨리면 어때? 원래 쓰레기장
같은 방인데."

"야, 꺼져! 조그만 게 어디서 말대꾸야!"

동생은 입을 삐죽이고는 문을 쾅 닫고 사라졌다. 창선이도 동생 말이 틀
리지 않는다는 걸 알았다. 그래서 더 화가 났다. 지난주에 담임선생님이
하신 말씀이 생각났다.

"국가대표 지각 대장, 너 오늘 또 지각했다. 이번 달 들어서 벌써 세 번

째야. 벌점 모으는 게 재미있어? 봉사하고 싶어서 안달이 난 건 아니지?
그런 거면 굳이 지각하지 말고 시켜달라고 해. 너 같은 거북이 종족들을
위한 봉사 계획은 항상 준비돼 있으니까."

지각을 밥 먹듯이 해서 더 이상 통할 핑계도 없었기에 창선이는 그저 고
개를 푹 숙이고 꾸지람을 들을 수밖에 없었다.

'내일도 지각하면 끝장이야. 오늘은 일찍 자야겠다.'

그때 오늘은 좋아하는 가수가 컴백하는 날이라는 게 떠올랐다.

"이런 중요한 일을 깜빡하다니."

창선이는 팬 카페와 유튜브에 새로 올라온 동영상을 보느라 시간 가는
줄도 몰랐다. 실시간으로 줄줄이 올라오는 댓글을 읽는 것만큼 짜릿한
재미도 없었다. 정신이 홀딱 팔린 창선이는 어느새 자정이 한참 지난 것
도 몰랐다. 딱 한 번만 더 보고 자야겠다고 동영상 다시 보기 버튼을 클
릭하는 찰나에 방문이 벌컥 열렸다. 아빠였다.

"너 안 자고 뭐 하냐?"

"어, 이제 잘 거예요."

"씻기는 했고?"

"이씨, 아빤 제가 뭐 어린앤 줄 알아요?"

아빠의 참견에 골이 난 데다가 찔리는 구석이 있어 창선이는 팩하고 성
질을 냈다. 사실 그때까지 손도 안 씻고 있었지만 역시 선제공격이 답이
다. 아빠는 약간 움찔하는 것 같더니 휙 가 버렸다. 창선이는 결국 2시

가 넘어서야 잠자리에 들었다.

다음 날 아침, 번쩍 눈을 떴을 땐 이미 학교에 도착해야 할 시간이었다.

"아, 망했다!"

창선이는 자리를 박차고 일어나 세수도 하는 둥 마는 둥 하고 뛰쳐나갔다. 물론 아무리 급해도 성질부리는 것은 잊지 않았다.

"엄마! 나 안 깨우고 뭐 했어!"

"안 깨우긴! 아까부터 깨웠는데 네가 더 자도 된다고 짜증 내면서 나가라고 했잖아! 너를 누가 당해 내겠니!"

엄마의 칼이 돋친 듯한 목소리를 뒤로하고 정신없이 달렸다. 평소 움직이는 걸 싫어했던지라 금세 다리에 힘이 풀렸다.

'일찍 잘걸…. 이러다 정말 벌점 쌓여서 봉사 활동 해야 하는 거 아냐?'

지나가는 사람들이 헐레벌떡 뛰어가는 자신을 보고 지각생이라고 놀리는 것 같아서 뒤통수가 화끈거렸다.

오늘 할 일이 뭐였더라? 아, 빨래… 근데 귀찮으니까 좀만 이따가 해야지. 배고픈데 뭐 먹을 거 없나? 밥 데우기 귀찮은데… 일단 TV나 보지 뭐. 소파 독차지하니까… 졸려… 밥… 빨래… 숙제 뭐였지? 지금 몇 시? 학원 전까지 시간 남았네? 일단 좀 자고… 오늘 할 일이 뭐였더라? 아, 빨래… 근데 귀찮으니까 좀만 이따가 해야지. 배고픈데 뭐 먹을 거 없나? 밥 데우기 귀찮은데… 일단 TV나 보지 뭐. 소파 독차지하니까… 졸려… 밥… 빨래… 숙제 몇 시? 학원 전까지 시간 남았네? 일단 좀 자고… 오늘 할 일이 뭐였더라? 아, 빨래… 근데 귀찮으니까 좀만 이따가 해야지. 배고픈데 뭐 먹을 거 없나? 밥 데우기 귀찮은데… 일단 TV나 보지 뭐. 소파 독차지하니까… 졸려… 지금 몇 시? 학원 전까지 시간 남았네? 일단 좀 자고… 오늘 할 일이 뭐였더라? 아, 빨래… 근데 먹을 거 없나? 밥 데우기 귀찮은데… 졸려… 학원 전까지 시간 남았네?

게으름

선생님, 어떡하죠? ————

중요한 일들을 자꾸 미루고 정리 정돈을 잘 못하는 창선이는 게으름 바이러스에 감염된 상태예요. 우리는 모두 게으름 바이러스에 감염될 가능성이 있어요. 부지런함을 타고난 사람도 있지만 편하게 누워 휴대폰을 보면서 뒹굴거리는 걸 마다하는 사람은 별로 없잖아요. 문제는 게으를 수 있는 가능성을 철저하게 현실로 옮기는 '찐' 게으른 사람들이랍니다. 이들은 게으름의 이유를 적어도 하나 이상 구비하고 있지요.

"난 잠이 많아서 어쩔 수 없어."
"쉽게 피곤해지는 걸 어떡해? 선천적으로 몸이 약한가 봐."

잠이 많고 몸이 약한 걸 뭐라 하겠어요? 하지만 좋아하는 일을 할 때면 언제 그랬냐는 듯 잠이 달아나 버리는 현상은 어떻게 설명할 수 있지요? 그러니 무조건 체질 탓 유전자 탓만 할 수는 없어요. 평소에는 학원 마치고 집에 들어오기만 해도 눈이 감기는 창선이가 자기가 좋아하는 아이돌 가수를 볼 때면 시간 가는 줄도 모르고 새벽까지 깨어 있잖아요.

게으름
바이러스

    여기에서 게으름에 대해 한번 정리하고 갈게요. 흔히들 게으름 하면 나태하게 늘어져 있는 것만 생각하죠. 그렇지만 실제로 게으름은 나무늘보 같은 '늘어짐'만으로 나타나지는 않는답니다. 내일 아침에 시험을 앞두고 갑자기 지저분한 책상이 너무 신경 쓰여서 대청소에 들어간 사람을 생각해 보세요. 그 순간의 모습만 봐서는 깔끔 대왕, 부지런쟁이로 보이기 쉽겠죠? 그렇지만 이 사람은 자기가 해야 할 중요한 일들을 미룬 채 덜 중요한 대청소를 하고 있기 때문에 게으른 거예요. 빈둥거리면서 가치 있는 일을 하지 않는 것만 게으른 것이 아니라, 가치 있는 일을 해야 할 때 사소한 일에 매달리는 것 또한 게으름이거든요.

    그러면 우리 친구들에게는 게으름이 어떤 모습으로 나타나는지 살펴보죠. 제일 흔한 건 영상 중독의 모습으로 나타나는 거예요. 성적을 올려야 한다면서도 한 손에는 리모컨, 한 손에는 휴대폰을 쥔 채 이것저것 다 챙겨 보고요, 막상 시험지를 받으면 '공부 좀 할걸, 어제 한 시간 덜 자고 할걸' 후회하다가도 집에 돌아가자마자 피곤하다며 침대로 직행하지요.

    게으른 친구의 서랍 속은 물건들이 정리되지 않아 뒤죽박죽이죠. 언젠가 읽겠다고 가져다 놓은 책들은 자꾸 쌓여 가고, 며칠 전에 먹은 과자 봉지며 아침에 급히 나가느라 방에 던져 놓고 간 스타킹 포장지 덕에 방 안은 돼지우리와 별 차이가 없어요. 쓸데없는 물건들이 없다는 점에서는 돼지우리가 나을 수도 있죠. 청소 안 한다고 야단맞고, 지지 않고 대드느라 집안은 조용할 날이 없 지요. 약속에도 매번 늦어 친구들에게 욕을 먹기도 해요. 그러고 는 매번 똑같은 핑계를 댑니다. 버스가 늦게 왔다느니, 오늘따라 유난히 길이 막혔다느니, 급히 나오는데 잊고 온 게 생각나서 다 시 들어갔다 나왔다느니…. 5분만 서둘러 보라는 말을 매일같이 들어도 좀처럼 나아지질 않아요.

선생님이나 부모님이 뭘 하라고 할 때 '그걸 왜 해야 되는데? 그게 나랑 무슨 상관이 있지?'라고 생각한다면 이것 역시 게으름 의 모습이에요. 삶이 어디로 가야 하는지 방향 감각을 잃어버리고 있으면서도 나 아닌 다른 사람이 방향을 제시하는 건 탐탁지 않 아 하고 있으니까요. 목적지가 아닌 곳으로 가는 동안에는 아무리 부지런을 떨더라도 게으른 게 현실임을 부정할 수 없어요. 아무것 도 하지 않은 채 다 손 놓고 있으면서 '해 봤자 소용없고, 나는 이 미 늦었어. 부모님 잘 만나야 성공하는데 이미 끝났어'처럼 자포 자기에 빠져 있는 것도 게으른 사람의 한 모습이죠. 실제로 해 보 면 다를 수 있는데 그런 생각은 전혀 하지 않은 채 '안될 거야. 괜 히 하느라 고생하면 더 지치기만 하지. 나는 소중하니까 내 에너 지를 아껴야 해'와 같이 독특한 게으름의 이유를 갖고 있을 수도 있어요.

게으름
바이러스

　게으름 바이러스가 무서운 이유는 회복에 대한 욕구마저 마비시키기 때문이에요. 바뀌어야 한다는 건 알지만 귀찮아서 못 하고, 차곡차곡 쌓인 일들을 보면 엄두가 안 나서 못 하죠.

　재미있는 점은, 게으른 사람은 에너지를 별로 사용할 것 같지 않은데 사실은 그 반대라는 거예요. 왜냐고요? 늘어져 있는 그 상태를 유지하는 데에도 정말 많은 에너지가 들기 때문이지요! '내가 왜 이러고 있나' 하는 막연한 죄책감과 주변의 핍박으로 인한 스트레스가 나의 에너지를 고갈시켜 버립니다.

　게으름은 신체적인 잠뿐만 아니라 정신적인 잠에 깊이 빠지게 하기 때문에 서둘러 고치는 걸 권해요. 하나하나 실천 가능한 것부터 하다 보면 나에게도 부지런한 속성이 있다는 것, 열정이 있다는 것을 알게 될 거예요.

이렇게 해 봐요!

게으름은 일종의 습관이자 나태한 성미예요. 그래서 고치기는 정말 어렵지만 한번 고쳐지면, 즉 부지런한 습관이 들면 다시 쉽게 게을러지지 않는답니다. 습관은 일단 몸에 배면 말 그대로 '습관'이 되니까요. 오른손을 쓰던 사람이 손을 다쳐 왼손을 써야 할 때 처음에는 어색하고 이상하지요. 그러나 시간이 지나면 조금씩 익숙해질 거예요.

게으름도 그렇답니다. 게으름에 익숙해진 사람에게는 부지런한 습관이 맞지 않는 옷을 입은 것처럼 어색할 거예요. 하지만 아예 입을 수 없는 옷은 아니에요. 태어나면서부터 부지런한 사람은 많지 않아요. 그러니 게으름에서 벗어나기 위해 끊임없이 훈련을 해야 하죠.

──────────── 자신이 게으르다는 사실을 인정하세요

"제가 얼마나 바쁘다고요!"

"전 빈둥빈둥 놀지 않았어요. 진짜 게으른 사람은 아무것도 안 한다고요!"

많은 친구가 종종 이렇게 말하죠. 그런데 정말 그렇게 생각하세요? 목적 없는 바쁨, 덜 중요한 일에 매달리는 바쁨 역시 게으름이라는 사실을 기억하고 다시 한번 내 모습을 돌아봐요. 그리고 게으른 구석이 발견된다면 인정하세요. '내가 정말 게으르구나.' '나 이대로 있으면 안 되겠구나.' '정작 중요한 일은 이건데 하기 싫어서 괜히 다른 걸 건드리고 말았어.' 변화는 지금 모습 그대로를 인정하는 데서 시작된답니다.

_____ 조건을 따지지 마세요

종교개혁가로 잘 알려져 있는 마르틴 루터는 이렇게 말했어요. "주위의 상황이 완벽하게 자신의 일에 유리하게 되도록 기다리는 사람은 어떤 것도 완성할 수 없다."

공부하기에 좋은 조건이 갖춰지기만을 기다리나요? 그런 순간은 결코 오지 않아요. '파도가 잔잔해지면 수영을 하러 바다에 들어가야지' 하고 바닷가에 앉아 있다 보면 세상이 끝날 때까지 기다리게 된답니다.

아까 시험 전날 벼락치기 공부를 시작하려다가 지저분한 책상 정리로 돌입했던 이야기, 기억하시죠? 그 친구가 문제를 회피하는 습관인 '게으름 버릇'에서 벗어나려면 방이 좀 지저분하더라도 일단 공부를 시작하는 용기가 필요해요. 그렇지 않으면 청소에 에너지와 시간을 모조리 쏟아부은 뒤 피곤해진 몸을 이끌고 벼락치기는커녕, 책을 베개 삼아 잠에 빠져들기 쉽답니다.

책 좀 읽어 보려는데 갑자기 배가 출출한 게 느껴지고, 아까 친구가 보낸 메시지에 답을 안 한 게 떠오른다고요? 그래도 일단은 책을 펴세요. 책을 보기로 했으면 적어도 5분이라도 앉아서 책 읽는 시도를 해 보세요.

여러분에게는 어떤 조건을 따지는 습관이 있나요?

예 메시지 확인을 다 하고 나서야 EBS에 접속하는 게 마음 편하다.
예 친구와 마음이 상했던 일들이 풀려야 숙제하는 데 집중이 된다.

뒤로 미루지 마세요

여러분은 일을 미룰 때 느끼는 스트레스가 막상 그 일을 할 때 느끼는 스트레스보다 훨씬 더 크다는 걸 알고 있나요? 시험 전날 벼락치기를 할 때 우리 몸에서는 엄청난 스트레스를 맞이하느라 스트레스 호르몬이 마구 쏟아진답니다. 그래야 단기간에 많은 일을 해낼 수 있기 때문이죠. 스트레스 호르몬은 꼭 나쁜 것만은 아니에요. 이게 있어야 공부를 집중력 있게 할 수 있지요. 그렇지만 이게 너무 많으면 오히려 집중력이 더 떨어져요. 불안 때문에 집중할 수가 없게 되는 거죠. 제때 공부하는 상황이라면 그렇게 엄청난 양의 스트레스 호르몬이 나오지 않을 거예요. 하지만 공부를 미루다 시작하는 경우에는 공부할 때 필요한 호르몬만 나오는 게 아니라 '큰일 났다' '이거 도저히 안 되겠다' '나 이번에도 내신 말 아먹었다' 등등의 생각들로 인한 스트레스 호르몬까지 쏟아지니 도저히 감당하기 어려운 상태가 되지요.

이건 꼭 시험의 경우에만 해당하는 게 아니에요. 만약 마음 한 구석에서 '학원 숙제를 해야 하는데…. 더 이상 미루면 안 되는데…' 하는 속삭임이 계속 들리는데도 마냥 미루고 있다면 이때도 역시, 계속되는 스트레스로 몸과 마음이 시들어 버린답니다.

아까 자포자기의 심정 이야기를 했지요? 그것과 연관되는 과학 실험이 있답니다. 동물을 가둬 둔 상태에서 전기 충격을 계속 가하면, 자신이 아무것도 할 수 없다는 생각에 무기력해진다고 해요. 나중에는 피할 수 있는 충격에도 가만히 늘어져 있게 되지요. 해야 할 일을 계속 미룬다는 것은 나 자신이 스트레스의 전기 충격에 계속 노출되는 것과 같다는 걸 기억하세요.

——————— 다른 사람들에게 공개적으로 약속하세요

게으름과 귀찮음에서 벗어나는 건 혼자 힘으로는 어려워요. 결심
도 어려운데 실천하는 건 얼마나 더 힘들겠어요. 그럴 때 친구들
이나 가족 앞에서 대놓고 약속해 보세요.

> "엄마, 나 이제부터 엄마가 깨워 주지 않아도 아침에 일찍 일
> 어날 거예요."
> "나 이제부터 너한테 노트 빌리지 않을 거야. 혹시 내가 또 보
> 여 달라고 하면 거절해 줘."

이때 상과 벌칙을 정해 놓는 것도 좋은 방법이에요. 한 달간
엄마와 약속을 잘 지키면 갖고 싶었던 멋진 운동화를 사 달라고
하는 건 어때요? 반대로 자꾸 게으름을 피우고 약속을 지키지 못
하면 그 주에는 휴대폰 반납 시간을 앞당기는 식으로 벌칙을 정
하는 거죠. 약간의 강제성을 동원하면 다짐을 좀 더 잘 지킬 수 있
어요.

나는 누구에게 무슨 약속을 하며, 무슨 상이나 벌을 줄지 한번
적어 볼까요?

예 약속 : 친구와 약속한 시간에 절대 늦지 않겠다.

~~~~~~

예 상 혹은 벌 : 약속 시간에 늦으면 무조건 밥을 쏜다.

~~~~~~

─────────── 쉬는 시간을 정하고 정확하게 지키세요

이 처방에는 두 가지 의도가 있답니다. 마냥 늘어지고 싶은 마음을 잘 조절하자는 게 첫 번째 의도고요, 지치기 전에 잘 쉬어서 옛날에 뒹굴거리던 시절이 좋았다는 생각이 들지 않게끔 하자는 게 두 번째 의도예요.

똑같이 쉬더라도 시간을 정해서 능동적으로 쉬면 휴식이고, 수동적으로 시간에 끌려가면 게으름이랍니다. 나무를 베는 나무꾼 두 명에 대한 이야기, 들어 본 적 있으세요? 한 사람은 한 시간 정도 나무를 베면 땀을 닦기도 하고 물을 마시기도 하면서 적절하게 쉬었대요. 반면 다른 한 사람은 엉덩이를 한 번도 바닥에 붙이지 않고 열심히 나무를 베었죠. 하루 일과를 마치면서 베어 낸 나무를 비교해 보니 세상에, 쉬었던 사람이 훨씬 더 많이 베었다는 거예요. 이게 대체 어떻게 된 일일까요? 쉬어 가면서 일한 사람이 말하기를 "나는 쉬는 동안에 도끼날을 갈았지요"라고 하더랍니다.

이건 나무를 베는 것에만 해당하는 이야기가 아니라는 생각이 들어요. 공부를 할 때도, 심지어는 놀 때도 쉬어 가면서 해야만 '나'라는 도구의 날이 무뎌지지 않을 수 있습니다.

걱정이
너무 많아서
걱정이야

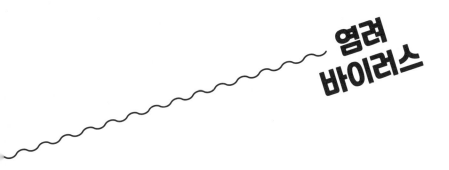

염려
바이러스

정연이는 한숨을 푹 쉬면서 다시 한번 날짜를 확인했다. 'D-790일' 그
나마 날짜 계산하는 앱을 깔아서 다행이었다. 이런 편리한 앱을 발견하
기 전까지는 남은 날짜가 정확한지 하루에도 몇 번씩 계산해 보곤 했으
니까.

이번 주 짝꿍인 예은이가 정연이의 옆구리를 쿡 찔렀다.

"왜 아침부터 한숨이야?"

"아무것도 아니야."

서둘러 휴대폰 화면을 끄려고 했지만 들키고 말았다.

"너 설마… 벌써 중간고사 준비 시작하는 거야? 대박! 2학기 시작한 지
얼마나 됐다고!"

"아, 아니라니까."

예은이는 못 믿겠다는 듯 눈을 가늘게 떴지만 때마침 조회가 시작돼 더
는 캐묻지 못했다.

"개학한 지 얼마 안 돼서 분위기가 어수선한데, 2학기가 짧은 건 다들

염려
바이러스

알고 있겠지? 정신들 차려!"

'너무 잘 알아서 걱정이네요!'

정연이 귀에는 담임선생님의 목소리가 더 이상 들리지 않았다. 어느새 1 교시 수학 수업이 시작됐지만 정연이는 시간표 짜는 데 정신이 팔려 있었다.

'하루에 여섯 시간을 잔다고 하면… 학교 끝나고 학원에 갔다가 집에 가면 11시, 씻고 숙제도 해야 하고… 그럼 몇 시에 자야 하지? 수능까지 790일로 계산해 보면 몇 시간을 공부할 수 있는 건가? 입시 요강이 또 바뀔지도 모르는데 이 계획으로 괜찮으려나?'

학교에서 집으로 돌아왔어도, 배경만 달라졌지 모습은 비슷했다. 정연이는 책가방을 던져 놓고 휴대폰을 꺼내 제일 자주 들여다보는 일정표 앱을 열었다. 갑자기 이것저것 하고 싶은 것들이 생각났지만, 햇빛이 강해지면 그림자가 진해지는 것처럼 동시에 하고 싶지 않아도 해야만 하는 것들이 떠올랐다. 학원에서 받은 숙제들도 해야 하는데, 해야 할 것들이 너무 많으니 오히려 아무것도 못 할 것만 같았다.

'지금 잠깐 휴대폰 보면서 스트레스를 풀어야지. 하고 싶은 걸 참고 있다가 스트레스가 너무 커져 버리면 그땐 정말 휴대폰만 붙잡고 있을 것 같아. 차라리 지금 잠깐 봐야겠다.'

정연이가 기억하는 건 거기까지였다. 갑자기 방 불이 켜지면서 엄마가 빽 소리를 질렀다.

"야, 민정연! 뭐야, 너 학원 안 갔어? 엄마가 전화해도 받지도 않고! 무슨 일이 생긴 건가 걱정했는데, 옷도 안 갈아 입고 휴대폰 주무르다가 잠든 거야?"

'아… 내가 잠이 들었구나. 지금 몇 시야? 헉! 오늘도 학원 빠졌어?! 어떡 해…. 오늘도 날린 거야?'

그렇지만 이걸 곧이곧대로 이야기하면 엄마가 보란 듯이 소리를 더 질 러 댈 게 뻔했다.

"몰라! 엄마는 내가 얼마나 힘들었으면 이렇게 쓰러져 있었겠어? 엄마 가 뭐 그래? 혼자 있고 싶으니까 나가!"

엄마가 움찔할 정도로 거칠게 소리를 지르는데 마음 한구석으로 불안 이 확 몰려왔다.

'나 정말 어떻게 하지, 이제?'

염려
바이러스

선생님, 어떡하죠? ───────

걱정을 성격적 특성으로 달고 다니는 사람들이 있습니다. 유전적으로 불안 수준이 높은 사람들은 걱정을 쉽게 하거든요. 원래는 그런 성격의 소유자가 아니더라도, 자라면서 경험하는 다양한 상처들 때문에 걱정이 많은 사람이 될 수도 있어요.

우리 모두는 불완전하기 때문에 상처를 주거니 받거니 하면서 살 수밖에 없지요. 그러면 '당연한 거니까' 하면서 그냥 놔두어야 하는 걸까요? 그렇지 않아요. 작은 상처가 반복돼 쌓이면 우리는 어느 순간 약한 충격에도 무너질 수 있어요. 사람을 집이라고 한다면 우리 마음은 떠받치고 세워 주는 기둥이라 할 수 있어요. 반복적인 상처는 이 기둥에 균열을 일으킵니다. 그것이 처음에는 작은 금이었을지라도 시간이 지나면 틈이 벌어지고 귀퉁이가 떨어져 나갑니다. 그러다가 충격 한 번에 와르르 허물어지고 말지요.

정연이의 예는 극단적으로 보일 수도 있지만 정도의 차이가 있을 뿐, 우리의 현실도 정연이와 다를 바 없어요. 중학교만 졸업하면 수능을 코앞에 둔 사람처럼 염려하죠. 성적을 올릴 시간이 단 일주일도 안 남은 사람처럼요. 하지만 정연이의 모습에서도 봤듯이 염려한다고 상황이 나아지지는 않아요. 한참 후에 있을 시험

**염려
바이러스**

공부 계획을 짜느라 당장 해야 할 공부나 숙제를 못 하는 친구의 마음을 채운 건 이런 생각일 거예요.

'암기 과목은 까먹을 테니 시험 며칠 전에 하고, 영어랑 수학은 매일 해야겠지? 영어를 먼저 할까, 수학을 먼저 할까?'

맞아요, 공부를 안 할 생각은 없어요. 오히려 열심히, 잘할 생각이 더 많죠. 그렇지만 걱정하는 동안에도 시간은 기다려 주지 않고 흘러가 버립니다. 다음 날 다시 계획을 세우죠. 공부할 날이 하루가 줄어들었기 때문에 마음에 부담을 느낍니다.

'그래도 계획을 세워야 효과적이지. 가만, 시험이 끝나면 금세 방학이잖아. 방학을 잘 보내야 성적이 오른다는데, 방학 때는 무슨 공부를 어떻게 해야 하나? 학원 스케줄에 맞출까, 아니면 내가 나름대로 진도를 정해서 할까?'

염려 바이러스의 영향을 받는 건 공부만이 아니에요. 학원에서 어떤 남자애와 우연히 눈이 마주쳤을 뿐인데 '그 애가 나에게 사귀자고 하면 뭐라고 대답할까?' 하는 귀여운 걱정부터, 아직 중1인데도 '나는 어른이 되면 뭘 하면서 먹고 살아야 하나, 그게 가능은 할까?' 하는 심각한 걱정까지 아주 다양하죠.

이처럼 염려 바이러스에 감염되면 미리 걱정하지 않아도 되는 일들까지 당겨서 걱정한답니다. 좋은 일이 생겨도 혹시 일어날지 모를 나쁜 일을 생각하느라 그 순간을 충분히 즐기지 못하죠.

예를 들면 이런 거죠. 오랜만에 온 식구가 외출했어요. 저녁을 먹고 영화도 한 편 보기로 했지요. 나는 인터넷으로 맛집을 찾았고, 영화도 모두의 취향을 고려하여 골랐어요. 근사한 주말일 것 같은 예감이 팍팍 들죠? 그런데 오늘 유난히 차가 막히네요. 자, 이제 걱정의 샘물이 솟아오르기 시작합니다. '제시간에 도착할 수 있을까' 같은 가벼운 걱정, '맛집이랬는데 음식이 맛없으면 엄마 아빠가 실망할 거야' 같은 현실을 반영한 걱정, '영화가 재미없으면 어쩌지' 같은 앞지르기 걱정, '모처럼의 나들이인데 기분 좋게 나갔다가 꽝 돼서 돌아오는 거 아냐' 같은 한참 앞지르기 걱정, 결국 이런저런 걱정 때문에 즐거운 시간을 망쳐 버리고 말지요.

이런 친구들은 상황을 다 통제할 수 있어야 마음이 놓여요. 변수는 늘 있기 마련인데도, 자신의 생각대로 되지 않을까 봐 늘 불안해하지요. 방학을 맞아 친구들과 강원도에 놀러 가기로 했다고 쳐요. '일기예보를 보니 날씨가 끝내준다고 하는데 그걸 어떻게 믿어!' 하며 내내 걱정했는데 당일에 날씨가 좋은 거예요. 그러면 기분이 좋고 마음이 놓여야 하잖아요? 그런데 그게 아니라는 거죠! 느닷없이 한 친구가 사정이 생겨서 못 가게 됐다고 연락을 해요. 예상치 못한 상황에 뒤통수를 퍽, 맞는 기분이 들겠죠.

염려를 하자고 들면 불안한 게 한두 가지겠어요? 내가 타는 버스가 사고 나지 않을까, 잠자는 동안 도둑이 드는 건 아닐까, 아는 형은 수능 날 배탈이 나서 시험을 망쳤다는데 나도 그러면 어떡하지, 아빠가 고혈압 증세가 있는데 갑자기 잘못되면 우리 가족은 어떻게 될까…. 어휴, 생각만 해도 어질어질하네요.

물론 어떤 일에 대해 큰 그림을 가지고 위험에 대비하는 건 현명한 태도예요. 앞날에 대한 밑그림을 가지고 있으면 그렇지 않은 사람에 비해 성공할 확률이 높은 것도 사실이고요. 설계도 없이도 지을 수 있는 건 개집뿐이고, 훌륭한 건축물일수록 설계도가 반드시 있어야 하죠. 아니, 개집도 설계도 없이 지었다가는 아귀가 맞지 않아 아무짝에도 쓸모없는 흉물이 될 수도 있어요.

하지만 지나친 염려는 불필요한 경우가 대부분이랍니다. 심리학자이자 작가인 어니 젤린스키에 따르면 우리가 하는 걱정들 가운데 절대 일어나지 않을 일이 40퍼센트, 이미 일어난 일이 33퍼센트, 무시해도 될 만큼 사소한 일이 22퍼센트, 사람의 힘으로는 도저히 어쩔 도리가 없는 일이 4퍼센트라고 합니다. 계산해 보면 96퍼센트에 달하죠. 여기에 포함되지 않은 나머지 4퍼센트만이 우리가 바꿀 수 있는 일입니다.

그러므로 걱정한다고 달라지지 않는 미래에 대해 고민하느라 지금 써야 할 에너지를 낭비하지 않았으면 좋겠어요. 아무리 치밀하게 계획을 세워도 내일 무슨 일이 일어날지, 아니, 당장 10초 뒤에 무슨 일이 일어날지 모르는 게 인생이니까요.

주변 사람이나 환경에 대해서도 마찬가지예요. 부모님이 이혼하면 나는 어떻게 될지 염려되나요? 말썽 많은 남동생, 누나, 오빠의 미래가 걱정되나요? 부모님의 실직으로 경제적인 어려움을 겪는 중인가요? '설사 대학에 붙는다고 해도 등록금이 없어 못 다닐 거야' 하면서 미리 포기할 마음을 먹고 있는 건 아닌가요?

이런 상황은 청소년인 여러분뿐만 아니라 누구에게나 어렵고 마음 아픈 것들이죠. 그렇지만요, 이런 일들은 지금 걱정한다고 해결될 문제가 아니에요. 걱정 때문에 지금 해야 할 일을 하지 못하는 것보다 더 큰 손실도 없지요. 쉽지 않겠지만 여러분의 에너지를 긍정적인 미래를 위해 사용하세요. 우리가 가진 삶의 에너지는 넉넉해 보일지 몰라도 분명 한계가 있거든요. 나의 소중한 열정을 미래에 대한 근심과 걱정에 투자하면 곤란해요. 거기는 아무리 쏟아부어도 도저히 채울 수 없거든요. 실컷 걱정하면 걱정이 끝나는 게 아니라, 해야 할 걱정들이 더 늘어나는 경험을 하게 될 거예요. 우리 인생에서 무엇보다 중요한 열정 에너지는 더 중요한 일을 위해 아껴 두세요.

이렇게 해 봐요! ────────

체크무늬 셔츠를 사야겠다고 마음먹으면 그전에는 하나도 보이지 않았던 체크무늬가 눈에 쏙쏙 들어오는 경험, 다들 해 봤을 거예요. 체크 셔츠에, 체크 스커트에, 체크 가방은 물론이고 심지어 체크 양말까지 발견하게 된다니까요.

이처럼 사람은 생각하는 것 위주로 보게 되지요. 그래서 염려를 곱씹으면 염려해야 할 상황을 자주 보게 된답니다. 내가 정말 걱정하는 게 무엇인지, 조용히 생각해 보세요. "당연히 걱정스럽지!"라고 내지르기 전에, 걱정하는 나를 붙잡고 한번 물어보세요.

'정말 걱정하는 게 뭐야?'

수능 날 배가 아플까 봐 걱정했던 친구는, 대학 입시에 실패하고 비참한 삶을 살게 될까 봐 두려워하는 걸 수도 있어요. 부모님이 이혼하는 걸 두려워하는 친구는, 다른 아이들이 우리 가정의 상처를 알고 나를 놀릴까 봐 불안해하는 걸 수도 있어요. 누구나 불안해할 만한 상황에서도 내가 염려하는 이유는 나만의 모습을 지니고 있답니다. 이것을 알아차리는 게 중요해요.

처음에는 도무지 생각이 나지 않을 수도 있어요. 상담가 폴 투르니에는 자신의 내면을 관찰하는 것은 마치 어두운 방에 들어가는 것과 같다고 했어요. 처음에는 특징적인 것들만 보여서 '아하, 책상과 의자뿐이군'이라고 생각하지만, 어둠에 익숙해지면 온갖 잡동사니로 어질러진 방 전체를 볼 수 있게 되거든요.

──────────────────────── 염려 노트를 만들어 보세요

과목 노트며 오답 노트며 만들어야 할 노트가 얼마나 많은데 염려 노트까지 만들어야 하냐고요? 그래도 해 보면 그 효과에 은근 빠져들걸요?

염려 노트에 지금 가지고 있는 걱정을 다 써 보세요. 그중에는 조만간 일어날 일도 있고, 몇 년 후에 일어날 일도 있겠죠?

다 썼으면 덮어놨다가 며칠 후 다시 펼쳐 봐요. 그 일이 실제로 일어났는지, 그렇게 염려할 가치가 있었는지 확인해 보는 거예요. 감정의 거리, 시간의 거리를 두고 다시 보면 '별것 아니었잖아!'라고 할 일이 많다는 걸 확인하게 될 거예요.

만일 수시로 걱정에 휩싸여서 아무것도 못 하는 게 일상인 사람이라면, 염려 노트를 적어 보는 시간을 규칙적으로 갖는 것도 권해 주고 싶어요. 이런 걸 '생각의 쓰레기통 기법'이라고 불러요. 내 방에 쓰레기가 여덟 개 쯤 떨어져 있다고 하면 지저분하다

는 생각이 들지요? 그런데 이 여덟 개의 쓰레기들이 쓰레기통 안에 모여 있으면 방이 이전보다 훨씬 깨끗해 보일 거예요. 쓰레기숫자가 줄어들지 않아도 모아놓는 것만으로 청소한 효과를 낼 수 있듯이, 염려로 가득한 내 머릿속도 '염려 노트 적는 시간'이라는 쓰레기통을 설치하면 깨끗해질 수 있어요.

매일 일정한 시간에 노트를 꺼내 걱정거리를 적어 보세요. 그 시간이 아닐 때 걱정이 떠오르면? '이따 그 시간에 걱정해 줄게! 걱정 마!'라고 일러 주시고요. 그 시간에 걱정이 안 떠올라도 '지금은 걱정하기로 했잖아, 그치?' 하고 타이르듯 걱정거리를 찾아보세요. 이런 식으로 나의 걱정을 조절할 힘을 키울 수 있답니다.

──────────── 건강한 상상하기를 훈련하세요
'건강한 상상'은 인지 치료(cognitive therapy)의 중요한 기법이랍니다. 인지 치료란 생각 바꾸는 연습을 통해 감정과 행동의 병을 고치는 치료법이에요.

먼저 내가 하고 있는 염려를 최대한 자세히 글로 써 보세요. 그리고 내 이야기를 들어주고 적절한 조언을 해 줄 만한 누군가를 떠올려 봐요. 그 사람에게 나의 걱정거리들을 쭉 들려주고 그 사람이 나에게 긍정적으로 반응하는 것을 상상하는 거예요. 그 사람은 말없이 고개만 끄덕일 수도 있고요. 이렇게 말할 수도 있어요.

"그래, 정말 걱정스러웠겠다. 나라도 힘들었을 거야."

또는 반문을 제기할지도 몰라요.

"정말로 그 일 때문에 네 걱정처럼 큰일이 나는 거야?"
"대입에 실패하면 정말 비참한 삶을 살게 될 거라고 생각해?"
"부모님이 이혼하신다고 정말 놀림을 받을 거라 생각해?"

상대방이 나에게 어떤 이야기를 해도 괜찮지만, 어디까지나 내 편임이 확실한 이야기를 해 줘야 해요. 이런 훈련을 반복하면 생각이 달라지고, 생각이 달라지면 느끼는 감정들도 달라져요. 우리는 감정을 마음대로 바꿀 수 없기 때문에 생각을 먼저 바꾸는 거죠. 생각을 바꾸는 건 절대로 쉬운 일이 아니지만, 생각이 조금만 달라져도 상처의 고통은 눈에 띄게 가벼워진답니다.

◦ 나의 염려 노트 ◦

언 제 : 밤 10시

어디서 : 내 방

어떻게 : 하나씩 차근차근 따져 보면서 걱정해야지!

내 걱정거리 :

❶ 선생님의 오해로 망신당함

❷ 친구가 나를 무시함

❸ 부모님의 잦은 다툼

건강한 상상 :

❶ 선생님이라고 언제나 맞는 건 아니니까 그러려니 할 수 있지 않을까?

❷ 내가 무시당할 만해서 무시당하는 게 아니야. 남을 무시하는 사람은 열등감이 많은 사람이라고 그러더라고.

❸ 우리 엄마 아빠는 답 없게 싸우는 사람들이지만, 지금 내가 할 수 있는 게 없으니 무사히 끝나도록 기도라도 해야겠다.

↳ "나는 나를 위해 회복 /(설득)/ 무시 / 인내 / 칭찬 을(를) 선택하겠다."

◦ 나의 염려 노트 ◦

언 제 : ~~~~~~~~~~~~~~~~~~~~~~~~~~~~~~

어디서 : ~~~~~~~~~~~~~~~~~~~~~~~~~~~~~~

어떻게 : ~~~~~~~~~~~~~~~~~~~~~~~~~~~~~~

내 걱정거리 :

~~~~~~~~~~~~~~~~~~~~~~~~~~~~~~~~~~~~~

~~~~~~~~~~~~~~~~~~~~~~~~~~~~~~~~~~~~~

~~~~~~~~~~~~~~~~~~~~~~~~~~~~~~~~~~~~~

건강한 상상 :

~~~~~~~~~~~~~~~~~~~~~~~~~~~~~~~~~~~~~

~~~~~~~~~~~~~~~~~~~~~~~~~~~~~~~~~~~~~

~~~~~~~~~~~~~~~~~~~~~~~~~~~~~~~~~~~~~

~~~~~~~~~~~~~~~~~~~~~~~~~~~~~~~~~~~~~

~~~~~~~~~~~~~~~~~~~~~~~~~~~~~~~~~~~~~

↳ "나는 나를 위해 회복 / 설득 / 무시 / 인내 / 칭찬 을(를) 선택
   하겠다."

염려
바이러스

—————————— 믿을 만한 누군가에게 걱정을 털어놓으세요

마음속으로 고민을 계속하다 보면 내 안에서 문제가 점점 커지기 마련이에요. 친한 친구나 자신을 이해해 주는 누군가에게 감춰 두었던 걱정을 털어놓으세요. 그러다 보면 나의 걱정들을 이전보다 객관적으로 볼 수 있게 될 거예요.

다른 누군가와 얘기하다 보면, 이런 고민을 나 혼자 하는 게 아님을 알게 되기도 해요. 정도의 차이는 있겠지만 여러분 또래의 친구들이라면 '어떻게 살아야 할까?' '나는 좋은 대학에 갈 수 있을까?' '과연 직장은 가질 수 있을까?'처럼 거의 비슷한 고민을 할 가능성이 높아요. 내 문제의 해답은 보이지 않아도 친구의 고민에 대한 해결책은 잘 보이는 법! 친구의 입에서 당장 뾰족한 답이 튀어나오는 건 아니겠지만, 마음의 걱정을 털어놓는 것만으로도 충분한 가치가 있답니다.

—————————————————— 옳은 것을 선택하세요

물론 괜한 염려가 아니라 당장 눈앞에 벌어진 일들 때문에 죽고 싶을 만큼 힘든 시간을 보내는 친구들도 아주 많을 거예요. 어른들은 '주는 밥 먹고 공부만 열심히 하면 된다'고 간단하게 생각하지만 청소년이라고 해서 삶의 무게가 가볍기만 한 건 아니죠. 오히려 내가 아무것도 할 수 없는 상황에서 경험하는 스트레스가

훨씬 크답니다.

아무리 부모님께 잘해 드려도 부모님의 이혼을 막을 수 없고, 통장 잔고를 들여다보는 엄마의 한숨을 줄여드릴 수 없을 때 괴로움을 어떻게 표현할 수 있을까요? 저 역시 그런 친구들을 만날 때마다 마음이 참 아픕니다. 하지만 이럴 때라도 우리가 선택할 수 있는 게 하나 남아 있다는 것을 기억했으면 좋겠어요.

제2차 세계대전 중 강제수용소에서 포로 생활을 했던 유대인 정신과 의사 빅터 프랭클은 언제 가스실로 가게 될지 모르는 상황에서도 사람들의 반응을 지켜봤답니다. 그의 말에 의하면 강제수용소에서 사람들에게 남은 것은 딱 하나, 마음의 자유였다고 해요. 최악의 상황에서 내가 어떤 태도를 취할 것인지를 결정하는 자유였죠. 마지막까지 삶의 위엄을 잃지 않을 것이냐, 아니면 짐승처럼 물고 뜯다가 먼저 무너질 것이냐. 상황을 결정하는 힘은 없었지만 그에 대한 반응은 스스로 결정할 수 있지요.

비록 가슴이 찢어지는 삶의 무게를 감당할 수 없어 날마다 죽음을 생각하고, 빨리 어른이 되고 싶어 몸살을 앓을지 몰라도 그럴 때조차 마음의 힘을 잃지 말기를 부탁드려요. 소중한 삶을 추스르는 능력이 내 안에 있다는 사실을 발견하기를 마음 깊이 응원합니다.

분노
바이러스

"진석아, 너 괜찮아?"

"응. 난 괜찮아."

사실은 괜찮지 않았다. 진석이는 조원 친구들 생각만 하면 한숨이 푹 나왔다. 일부러 이렇게 모으려고 해도 어렵겠다 싶을 만큼 반에서 한 성질부린다는 애들만 다 모아 놓은 조의 조장을 맡았으니, 한숨이라도 안 쉬면 못 견딜 것 같았다.

먼저 혜준이. 예쁘고 공부도 똑 부러지게 잘하는 건 알겠는데, 거기서만 선두가 아니다. 사소한 일에도 화내는 버릇으로는 둘째가라 하면 서러운 친구다. 실수로 부딪히고 지나가는 친구한테도 성질을 부리니까. 제일 친한 친구도 예외는 아니다. 사소한 말에 화를 내는 걸 자주 봤다.

그다음은 정현이. 오랜 시간 함께 있어 보지 않으면 정현이만큼 착하고 좋은 애도 없다. "앗 미안해, 괜찮아?"를 입에 달고 다녔으니까. 그래서 진석이는 자기 조에서 제일 무난한 애가 정현이라고 생각했다. 그런데 첫 모임에서 모둠 UCC 제작을 위한 역할 분담을 할 때 진석이는 정현이의 본색을 보고 말았다. 배시시 웃으면서 "난 아무거나 해도 괜찮아!"라고 해서 정말 아무거나 맡겼다. 그런데 그때부터 모임이 끝날 때까지 정현이는 한마디도 하지 않고 삐진 티를 냈다. 차라리 짜증 내면서 나한테 왜 이걸 시키냐, 안 하겠다고 하는 편이 낫겠다 싶었다. 소리 지르면서 화내는 것보다 훨씬 무서운 싸늘함에 진석이는 내내 정현이의 눈치를 보고 말았다.

세 번째는 대영이. 별말 없이 항상 빙긋 웃는 얼굴이지만, 소문에 따르면 대영이는 스트레스받는 걸 아무 말 없이 꾹 눌러 참고 있다가 어느 시점에 뻥 터트리면서 벽에 머리를 박는다고 한다. 장난이 아니라 피가 날 정도로 머리를 박는다니, 모임 할 때 벽에 가까운 곳에 앉으면 안 되겠다고 생각했다. 성격 좋은 아이, 착한 아이로 인정받고 싶어서 억지로 참다가 그렇게 됐다며 묻지도 않은 뒷이야기까지 해 준 친구가 있었다.

이 친구들과 함께 체험 학습으로 전쟁 박물관에 다녀오는 게 미션으로 주어졌다. 예상대로 쉬운 게 하나도 없었다. 진석이는 시간 맞추기 제일 좋은 지하철로 가자고 했다. 혜준이는 지하철은 사람이 많아 짜증 난다면서 택시를 타자고 했다. 정현이는 엄마에게 태워다 달라고 하면 되지 않냐며, 엄마가 바쁜 사람은 우리 엄마 차를 타면 된다고 미소 띤 얼굴로 이야기했다. 대영이는 가만히 있다가, 갈아타지 않아도 되는 버스로 가자고 했다. 설마 이런 일로 다툼이 있을까 했지만, 결국 의견은 하나로 합쳐지지 않았다. 혜준이는 얼굴이 빨개지도록 화를 냈고, 정현이는 입술을 꽉 깨물고 있었다. 대영이가 손가락을 소리 내서 딱딱 꺾자 진석이는 대영이가 머리를 박을까 봐 겁이 났다. 결국 다들 화가 잔뜩 난 채로, 뿔뿔이 흩어져서 가게 됐다. 결과는? 예상대로였다. 진석이는 다른 조 친구와 전철을 타고 왔는데, 그 친구가 자기 조 아이들을 만나러 갈 때까지 진석이네 조원은 아무도 도착하지 못했다. 문자 알림이 떴지만, 짜증이 나서 보고 싶지가 않았다.

"진석아, 나 먼저 갈게. 진짜 너니까 해내는 거다. 대단한 거 알지?"

화도 옮는 걸까? 친구가 하는 위로 내지 칭찬의 말을 들으면서 진석이는 속에서 욱, 하고 열기가 올라오는 걸 느꼈다.

분노
바이러스

선생님, 어떡하죠?

네, 진석이 생각이 맞아요. 분노 바이러스는 감염력이 아주 무시무시한 녀석이에요. 남녀노소 할 것 없이 화내는 사람이 한 명만 있어도 옆에 있는 사람들까지 덩달아 가슴이 두근거리게 되지요. 기대되고 신나서 두근거리냐고요? 아니요! 화가 나서 숨을 씩씩 쉬니까 심장이 두근거리는 거지요.

진석이의 뒷모습을 볼게요. 원래 진석이는 그렇게 쉽게 화를 내는 스타일이 아니지만, 같은 조 아이들이 제각각의 색깔로 화를 내자 이후 자기를 위로하는 친구에게 애꿎은 분노가 치솟는 걸 느꼈죠. 이게 자기에게 잘 어울리는 모습이 아니다 보니, 화를 제대로 낸 것도 아니면서 마음속 깊이 불편함과 미안함까지 느끼고 말았어요.

여기서 질문 하나. "난 뒤끝이 없어!"라는 말에 대해 어떻게 생각하나요? 걸핏하면 화를 내는 친구 중에는 착한 척 의뭉스럽게 화를 참는 것보다 기분 나쁘면 나쁘다고, 열 받으면 열 받는다고 표현하는 게 더 좋다고 주장하기도 해요. 그런 사람들이 자주 하는 말이 바로 이거예요. "나는 뒤끝이 없잖아!"

그런데 선생님 생각은 달라요. 자신은 화가 나는 감정을 다 쏟아내서 시원할지 몰라도, 그 분노를 애꿎게 다 뒤집어쓴 사람들은 그때부터 감정 처리를 시작해야 하는 상황이 돼요. 뒤끝은 없을지 몰라도 엄청 자극적인 앞끝(?)을 만든 거나 마찬가지죠. 그리고 화가 나는 감정을 자기가 책임지는 게 아닌 남에게 떠넘기는 셈이기에 건강한 방법이 아니라고 생각해요.

그렇다고 이야기 속의 대영이처럼 분노를 마음속 깊이 꾹꾹 눌러 놓는 것도 좋은 방법은 아니에요. 사람의 감정을 담아내는 것에는 일종의 '용량 제한'이 있기 때문에, 더 이상 참을 수 없는 지경이 되면 폭발하듯 터져요. 이건 또 다른 문제가 돼요. 미웠던 친구에게 폭발하는 걸 넘어서, 친하고 받아줄 만한 사람이나 전혀 모르는 사람, 심지어는 엄마가 나보다 더 애지중지 키우는 강아지에게 터져 버릴 수 있거든요.

이런 마음 아픈 상황까지 가지 않으려면 화를 잘 느끼고 잘 풀도록 감정을 조절하는 것이 중요해요. 그러기 위해 먼저 억압과 억제를 살펴볼까요? '억압'은 내가 어찌할 수 없는 분노, 소망, 환상 등을 무의식적으로 누르는 것을 말해요. 해결할 수 없는 분노와 다 때려눕히고 싶은 욱! 하는 충동들이 나를 너무 괴롭혀서 견딜 수 없을 것 같으니까, 미처 분노를 느끼지도 않은 상태에서 콱 눌러 버리는 게 억압이에요. 이건요, 전혀 건강하지 않은 방법이랍니다. '억제'는 억압과 이름은 비슷할지 모르지만 의미가 아주 달라요. 화가 나는 걸 다 알고 느끼지만 허락이 되는 범위 안에서 자연스럽게 표현하는 거죠. 말하자면 훨씬 성숙한 정신 활동인 셈이에요.

이 분노라는 감정을 좀 더 잘 이해하기 위해서 '매일의 배변 활동'을 빌어 설명해 볼게요. 좀 지저분하다고요? 에이, 화장실 안 가는 사람이 어디 있어요! 볼일은 매일 꼬박꼬박 봐야 건강한 거잖아요. 분노도 똑같아요. 화가 하나도 안 난다면 아무 때나 화를 터뜨리는 사람만큼이나 건강하지 않죠. 볼일을 억지로 참으면 변비가 되듯이, 분노도 억지로 참으면 탈이 나게 돼 있어요. 그렇다고 아무 때나 분노를 터뜨리면 설사병 걸린 사람과 다를 게 없겠지요? 역시 뭐든지 규칙적으로 조절해 가면서 하는 게 제일 좋다니까요.

분노가 걱정스러운 건 여러분의 에너지를 너무 많이 잡아먹기 때문이기도 해요. 십대답게 살지 못하는 모습을 에너지가 줄줄 다 빠져나가 버린 누수 상태에 비유할 수 있거든요. 분노는 시도 때도 없이 폭발하는 경우에도, 또는 꾹꾹 눌렸다가 터지는 경우에도, 억압이라는 이유로 화난 것도 모른 채 담아 놓은 경우에도 에너지를 엄청 많이 잡아먹습니다. 분노에 대한 책 가운데 '분노가 죽인다'라는 제목의 책이 있더라고요. 영어로 된 책을 번역한 건데요, 영어 제목은 'Anger Kills'랍니다. 여러분 생각에 분노가 누구를 제일 먼저 죽일 것 같은가요? 내 앞에 있는 사람? 아니에요. 분노의 불꽃이 나를 스치지 않고 앞사람만 태워 버릴 가능성은 거의 없답니다. 그래서 저 책의 정확한 제목은 '분노가 죽인다, 나를(Anger kills myself)'이랍니다.

"어? 근데요 선생님, '분노는 나의 힘' 이런 이야기도 어디선가 들어 본 것 같은데요? 힘이 다 빠진다는 이야기랑 안 맞는 거 아닌가요?"

네, 그런 이야기 종종 들어요. 경쟁하는 친구에 대한 분노를 토대로 더 열심히 공부한다거나, 분하고 억울해서 열심히 살을 빼게 된다거나 하는 이야기들 말이죠. 틀린 이야기는 아니에요. 화가 나면 없던 힘도 솟을 만큼, 우리 몸에서는 스트레스에 대한 반응으로 흥분하는 호르몬을 마구 만들어 내기도 하거든요. 그런데요, 이 분노를 잘 조절하는 힘이 있을 때 '분노도 나의 힘'이 된답니다. 바람을 이용해 풍력 에너지를 사용하고 싶은 거지 태풍을 기다리는 게 아니듯, 따뜻하고 기분 좋게 타오르는 장작불을 보고 싶은 거지 화재 사건을 보려는 게 아니듯이요. 앞에서 억압과 억제라는 개념을 이야기한 건 그래서예요.

진석이네 조 친구들을 한 명씩 살펴보죠. 혜준이가 화를 아무 때나 툭툭 터트리지 않는다면 그러잖아도 똘똘한 애가 얼마나 더 인기 있어지겠어요? 정현이도 차갑게 삐져서 아무 말 안 하는 버릇이 없다면 지금보다 덜 미안해해도 친구 사귀기가 수월할 거고요. 대영이도 마찬가지죠. 일껏 참았다가 머리를 들이박는다니, 불쌍한 대영이 머리는 무슨 죄래요. 대영이 자신은 말할 것도 없고요. 그나마 가능성이 보이는 건, 진석이가 자기감정을 다루는 태도라고 선생님은 생각해요. 괜찮다고 말하지만 사실은 괜찮지 않다는 걸 아니까 최소한 억압은 아니겠지요? 그리고 다른 친구들한테 "야, 너네 그런 식으로 할 거면 나 조장 안 해!" 하고 던지고 나오지 않은 것도 분노 감정을 잘 조절하고 있다는 뜻이에요.

이쯤에서 궁금증이 생기는 사람들이 있을지도 모르겠어요. 분노를 폭발시키지 않고 잘 조절하는 게 좋다는 것을 우리 모두 (최소한 머리로는) 아주 잘~ 알고 있는데, 잘 알면서도 화를 폭발하는 이유가 뭘까요? 우선은 분노가 쉽게 터져 나오는 환경에서 이유를 찾아볼 수 있어요. 폭력적인 방송이나 게임이 청소년들의 정서에 영향을 미친다는 건 잘 알려져 있는 이야기이고요. "우리나라에서는 말이야, 목소리가 크고 화를 내야 통하지!" 같은 문화적 영향도 있고요. 습관처럼 화를 내는 부모님 밑에서 자랐다면 이 정도의 표현이 화를 내는 것이란 사실 자체를 모른 채 분노를 펑펑 터뜨리게 될 수도 있어요. 엄마 아빠가 분노 조절 장애 환자처럼 화를 뿜을 때는 너무 싫지만, 나도 모르는 사이 나도 똑같이 행동하고 있을 수 있단 이야기죠.

그렇지만 여러분, 기억하세요. 어떤 이유로 내가 화를 폭발하게 됐는지를 떠나서, 나는 보고 배운 대로만 해야 하는 존재가 아니라는 것을요. 세상에 하나뿐인 소중한 나를 위해 나는 분노라는 감정을 잘 조절하는 방법을 배울 수 있어요. 그러니 지금부터 분노를 잘 다루는 법을 한번 배워 볼까요?

이렇게 해 봐요! ──────

"누구나 화를 낼 수 있다. 그것은 쉽다. 하지만 바로 그 사람에게, 바른 관점을 가지고, 바른 시점에, 바른 의도를 갖고 바르게 화를 내는 것은 쉽지 않다."

아리스토텔레스가 했다고 전해지는 멋진 말이에요. 바로 그 상대, 바른 관점, 바른 시점, 바른 의도, 바르게 화를 내는 것까지. 말은 멋지지만 참 어려운 일이기도 하죠. 어려움에도 불구하고 이를 위해 노력해야 하는 큰 이유는, 분노를 건강하고 적절하게 표현하지 않으면 그 독이 나의 내면을 곪게 하기 때문입니다. 뒤끝 없다는 건 그리 좋은 이야기가 아니라고 말씀드렸죠? 나의 내면이 곪아 터지면, 기쁨과 즐거움을 느끼고 담아 두는 자리까지 다 고장 나 버리게 된다니까요. 지금부터 나의 삶을 건강하고 힘 있게 리드하기 위한 방법들을 하나하나 보기로 해요.

────────────────────── 감정과 상황을 분리하세요
감정이 폭발하는 사태가 벌어지지 않게 하려면 지금 처한 상황과 화가 나게 하는 상대에게서 한걸음 물러나야 합니다. 상황과 감정

을 분리하라는 뜻이죠.

이게 말이 쉽지, 정말 어려운 처방이라는 건 잘 알고 있어요. 어른들도 상황과 감정을 분리한다는 게 무슨 소리인지 잘 모를 거예요. 한편으로는 그렇기 때문에, 아직 청소년인 여러분이 어른들보다 더 나을 수 있는 방법을 배우는 셈이기도 하죠. 다들 그러잖아요, 운동이든 언어든 일찍 배울수록 더 쉽게 배우고 더 잘한다고요. 감정을 조절하는 것 역시 마찬가지랍니다.

감정과 상황을 분리하기 위해 여러분이 해야 할 것은 딱 한 발짝만 뒤로 물러나는 거예요. 예를 들어 볼까요? 이야기의 마지막 부분에서 진석이는 제멋대로인 친구들을 기다리면서 화가 부글부글 끓어오르는 걸 느꼈지요. 그럴 때 한 발짝 물러난다는 건 이런 거예요.

'아, 나는 지금 화가 난다고 느끼는구나. 늦어지는 애들 때문에 기분이 좋지 않구나.'

이런 것을 전문 용어로 '메타 인지'라고 말할 수 있답니다. 약간 어렵지만 좀 멋있어 보이지 않나요? '나는 너희들이 싫어!' 대신에 '나는 너희들이 싫다고 생각해' 하면 한 발짝, 때로는 반 발짝 정도 뒤로 물러나는 효과를 얻을 수 있어요. 이렇게 하면, 감정이 폭발하는 상황으로 가기까지 시간을 조금 벌 수 있지요. 나의 목표는 화를 터뜨리는 게 아니라 불편함을 교정하는 것이니, 이러한 방법은 도움이 됩니다.

네, 알아요. 절대 쉽지 않아요. 노력하는 데에만 평생이 걸릴 수도 있고요. 하지만 감정의 소용돌이에서 벗어나겠다는 의지를 가지고 연습하다 보면 스스로 감정을 조절할 수 있게 되고 화도 건강하게 표출할 수 있게 된답니다.

───────────────── 자신의 반응에 초점을 맞추세요

여러분은 화가 날 때 어떤 느낌이 제일 먼저 느껴지나요? 뜨거운 무언가가 목구멍 깊은 곳에서 훅 올라오는 느낌이 드나요? 가까운 벽이 있으면 머리를 박고 싶어지나요? 목소리가 커지면서 고함을 치게 되나요? 걸핏하면 분노를 폭발시키는 사람들에게는 타임아웃 전략이 도움이 됩니다. 운동 경기 중에 작전 타임을 요청하는 것과 비슷한 개념인데요. 타임아웃은 잠시 멈춰서 차분해질 기회를 줍니다.

불필요하게 분노 폭발을 하고 난 다음에야 '아, 내가 왜 그때 그 정도에서 멈추지 않았을까?' 후회하는 사람들이 있지요. 그런데 이건 성질머리가 나쁜 누군가의 이야기만이 아니에요. 우리는 누구든지 욱하는 사이에 나든 남이든 다치게 할 수 있는 본성을

가진 사람들이거든요. 그러니 후회가 나의 이야기가 되지 않게 하기 위해서라도, 화가 날 때 나의 신호를 알아 두기로 결심하면 좋겠어요.

> 예 나는 화가 나면 얼굴이 뜨거워진다.
> ↳ 얼굴이 뜨거워지면 '아, 이땐 조심해야 해'라는 생각을 하자.
> 예 나는 화가 나면 가슴이 쿵쿵 뛰는 걸 느낀다.
> ↳ 가슴이 쿵쿵 뛰면 '아, 이러다가 분노가 폭발하겠구나'라는 생각을 하자.

나는 화가 나면 ~~~~~~~~~~~~~~~~~~~~~~~~~~~~~~~~

↳ ~~~~~~

이렇게 나를 살피는 것은, 다른 사람을 위해서가 아니라 바로 나 자신을 위해서라는 사실을 잊지 마세요! 더불어 자신을 중요하게 생각한다는 게 이기주의자가 되라는 뜻이 아니라는 점도요. 이기주의는 남이야 고통을 겪든 말든 자기 이익만 챙기는 마음이지만, 자신의 감정을 살펴보고 챙기는 것은 자신을 소중하게 생각하라는 의미를 갖고 있답니다. 스스로를 보듬는 것은 "네 이웃을 내 몸과 같이 사랑하라"는 말과도 통해요. 자신을 사랑할 수 있어야 비로소 다른 사람들을 사랑할 수 있거든요.

──────────────────────────────────── 글로 써 보세요

정말 그러고 싶지 않았지만 화가 폭발하고 난 후라면, 그때 느꼈던 마음을 적어 보세요. 친한 친구에게 있었던 일을 설명하는 식이어도 좋고, 화를 터뜨리게 만든 사람을 원망하는 이야기여도 괜찮아요. 또는 내가 나에게 주는 충고여도 좋지요. 단, 이때 쓴 글은 나 혼자 갖고 있기로 해요. 중요한 건 내가 폭발시켰던 분노를 정리하는 것이지, 내가 아팠던 만큼 다른 누군가를 더 아프게 하는 게 아니니까요.

— 내 여자 친구인 너만큼은 이해해 줄 것 같아서…. 내가 좀 과하게 화를 냈던 것 같은데, 그 순간에는 정말 뵈는 게 없더라. 걔를 때리지 않은 것만 해도 다행이야. 그렇지?

— 야, 너도 기분이 안 좋아서 그랬다는 건 알겠는데, 그래도 다른 사람 외모 갖고 뭐라고 하는 건 정말 안 좋은 버릇이라고. 난들 이렇게 생기고 싶어서 생겼겠냐? 툭 까놓고 말해서 네가 나보다 더 훌륭한 것도 아니고.

— ○○아, 네가 화가 많이 났던 건 알겠는데, 뱉고 나면 기분 나쁘니까 안 하기로 했던 욕을 또 한 건 좀 아닌 것 같아. 욕하고 나면 항상 기분이 더 안 좋아진다면서. 이번을 계기로 앞으론 입에서 욕 떼고 살자. 남들이 다 한다고 해서 너까지 할 필요는 없는 거잖아.

분노
바이러스

──────────── 나를 이해해 줄 수 있는 사람에게 털어놓으세요

실수투성이 내 모습을 받아 줄 수 있는 사람이 누가 있을까, 곰곰이 생각해 보세요. 평소에는 잘 생각나지 않지만 위기의 순간에 나를 도와줄 사람이 분명 있을 거예요. 엄마나 아빠일 수도 있고, 언니나 형 아니면 친구일 수도 있겠죠. 주변에 떠오르는 사람이 없다면, 비슷한 고민을 가지고 이야기하는 인터넷 카페나 오픈 채팅방 같은 곳에서 이야기하는 것도 방법이 돼요. 사람들이 엄청난 해결책을 제시해 주지 못해도 상관없어요. 누군가에게 얘기하는 동안 스스로 생각을 정리하고 결론 낸 경험이 한두 번은 다 있지 않나요?

"다른 애들이 왜 그렇게까지 화를 냈느냐고 물어보는데 솔직히 나도 내가 왜 그랬는지 잘 모르겠어. 이상하게 화가 치밀어서 그 순간에는 그렇게 하지 않으면 미칠 것 같더라고. 그런데 지나고 나서 보니까, 내가 왜 그렇게까지 했나 후회가 좀 되더라. 이제는 어린애가 아니니 친구들이랑 싸우지 않고 잘 지낼 거라고 결심했었는데 내가 나와 한 약속을 깨뜨리고 말아서 마음이 더 안 좋았어."

이렇게 자신의 생각과 감정을 펼쳐 보면, 자기 자신과 상황을

새롭게 바라볼 수 있게 되지요. 다른 사람들의 이야기를 들을 준비만 돼 있다면 의외의 식견이나 도움을 얻는 기회가 될 수 있으니, 나의 이야기들을 어딘가에 꺼내 놓기로 마음먹어 보기를 권합니다.

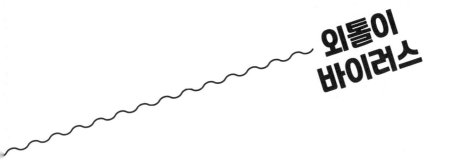

외톨이
바이러스

동욱이는 터덜터덜 학교를 빠져나왔다. 뒤에서 누가 자기 이름이라도 부를까 봐 신경이 쓰이긴 했지만, 될 대로 되라는 심정이었다. 야자를 밥 먹듯 빠지다 보니 이제는 이 시간에 돌아다니는 게 그다지 이상하지도 않았다. 문득 외롭다는 생각이 들어 영민이에게 메시지를 보냈다.

> 뭐 하냐??ㅋㅋ

> 나야 당근 야자 중ㅋㅋ 넌 또 빠졌어? 공부 안 할 거야??
> 맘 좀 잡고 하라니까ㅠㅠ

> 난 하기 싫어ㅠ 너나 잘해!ㅋㅋ

동욱이와 가장 친한 친구는 중학교 때 단짝이었던 영민이다. 고등학교는 다른 곳으로 갔지만 지금까지도 마음을 터놓을 수 있는 유일한 친구였다. 영민이와 마음이 너무 잘 통해서였을까? 고등학교에 온 뒤로 동욱이는 도무지 친구를 사귀지 못했다. 1학기가 다 끝나 가는데도 같이 밥 먹을 친구 하나 없었다.

반 아이들은 3월이 다 가기도 전에 끼리끼리 어울렸다. 노는 걸 좋아하는 아이들, 공부하는 데 목숨 거는 아이들, 둘이서만 붙어 다니는 아이들, 이렇게 저렇게 무리를 지은 것이다. 그리고 어쩌다 보니 동욱이는 혼자 남게 됐다. 학교에서 동욱이는 거의 말을 하지 않고 지냈다. 한 달쯤 지났을까, 어느 순간 반 친구들이 자신을 특이한 아이로 생각한다는 느낌을 받았다. 그렇다고 동욱이의 성격이 친구 하나 못 사귈 정도로 이상한 것은 아니었다. 이런 고민을 털어놓으면 영민이는 침을 튀기며 동욱이 편을 들었다.

"너희 반 ××들 진짜 웃긴다. 너 질투하는 거 아니야? 근데 뭐 네가 공부를 엄청 잘하는 편도 아니고 그렇다고 몸이 좋은 것도 아니고…. 내가 보기엔 샘낼 게 전혀 없는데?"

'그래서 그때 길 한복판에서 그 자식에게 헤드록을 걸었지.'

하지만 영민이에게도 새로 친해진 애들이 생긴 눈치다. 간혹 PC방에라도 가자고 하면 전에는 열 일 제쳐 놓고 뛰어오더니 요새는 종종 약속이 있다며 다음에 보자고 한다. 영민이 프사에는 못 보던 애들과 처음 보는 장소가 나왔다.

이런저런 생각을 하며 해 질 녘 거리를 혼자 걷고 있자니 뭔가 시린 느낌이 가슴을 파고들었다. 한때는 혼자서 밥 잘 먹는 사람이 멋있어 보인

적도 있었다. 친구라는 존재를 내 영역을 침범하는 귀찮은 인간으로 느
낄 때도 있었다. 그런데 오늘은 친구가 그리웠다.

'대단한 사람을 원하는 것도 아닌데 왜 난 친구가 없을까? 속마음을 털
어놓을 수 있는 친구는 영민이 하나면 충분하니까, 가볍게 웃고 떠들 수
있는 친구 한두 명만 있으면 좋겠는데….'

이런 생각이 들자 마음이 더 추워졌다. 사실 마음이 무거운 이유는 하
나 더 있다. 아니, 어쩌면 이게 더 중요한 이유일지도 모르겠다. 동욱이
는 사실 '모솔'이다. 아직까지 여자 친구 한 번 사귀어 본 적이 없다. '벌
써 여자 친구를 사귈 필요가 있나' 하는 생각이 들 때가 있지만, 모솔이
라는 수식어만 붙어도 무언가 부족하고 덜떨어진 사람처럼 보이는 것
같아서 기분이 나빴다.

'그냥 친구 사귀기도 이렇게 힘든데, 나 같은 사람이 여자 친구를 사귈
수는 있을까? 내가 봐도 나는 별로인데.'

선생님, 어떡하죠?

'혼자서' 무언가를 하는 일은 이제 한때의 유행을 뛰어넘어 시대를 반영하는 모습이 됐죠. 혼자 먹는 밥인 '혼밥', 혼자 보는 영화인 '혼영', 혼자 노는 사람들을 말하는 '혼놀족'처럼요. 여럿이 하는 걸 당연하게 여겼던 시대의 어른들은 혼자 밥 먹고 혼자 노는 이들을 짠하게, 안쓰럽게 바라본다고 하죠. 막상 혼자 노는 걸 좋아하는 사람들은 그게 재미있다고 하는데 말이에요. 혼자 놀면 안 된다, 여럿이 놀아야 좋다, 이런 일방적인 편 가르기는 아니랍니다. 혼자 재미있게 놀면서 행복을 누릴 수 있다면 그것도 좋은 일이죠. 단지 걱정스러운 건, 혼자 있고 싶지 않은데 혼자 있어야 하는 사람들, 혼자 노는 게 재미있는 척! 하는 사람들이 있다는 사실이에요. 여러분 주위에도 늘 혼자 있는 친구가 있지 않나요? 맞아요, 교실 한구석에서 우수 어린 눈동자를 하고 있는 바로 그 친구! 겉으로 보기엔 아무렇지 않아 보일 수 있어도, 그 친구의 마음속은 속살을 파고드는 한기와 같은 외로움으로 가득 차 있을지도 몰라요. 이 외로움은 짧은 가을이 지난 뒤 찾아온 매서운 추위 같은 느낌이죠. 동욱이의 '가슴 한구석이 시린 느낌'이 그런 거라고 생각해요.

　원래부터 혼자 있는 것을 좋아하는 친구들도 있어요. 하지만 늘 혼자 있기를 좋아한다거나 주변 사람들에게 다가가는 게 무척 힘들다면 자신의 상태를 살펴볼 필요가 있겠죠.

　동욱이 같은 친구들의 마음을 좀 더 들여다볼게요. 이런 친구들은 왜 옆에 있는 친구들에게 손을 뻗지 않을까요? 귀찮아서? 아니면 거절당할 게 두려워서? 제 생각에는 두 가지 모두 이유가 될 수 있지만, 사람들에게 받은 상처의 기억 때문에 차라리 혼자 있기를 선택하는 이들이 많다고 봐요. 그 상처 중에는 왕따와 폭행 같은 거대한 상처나 무시당하는 것처럼 작지만 깊이 파고든 상처도 있을 수 있어요. 작은 상처도 계속 생기거나 곪아 버리면 아프잖아요. 마음의 상처도 마찬가지랍니다. 함께 놀고 마음을 나눌 만한 친구를 원하면서도 또다시 상처를 입게 될까 봐 마음을 닫은 거지요.

　그나마 자기가 상처 때문에 마음 문 열기가 힘들다는 걸 안다면 다행이에요. '친구를 사귀고 싶기는 한데 난 좀 겁나' 같은 생각을 한다면 더욱 나은 상황이고요. 왜냐하면 마음의 상처가 심할 때는 친밀함의 욕구조차 못 느끼거든요. 욕구가 없는 게 아니에요. '못 느낀다'는 거죠. 마치 단단한 굳은살이 그 안쪽의 살을 보호하고 있는 것처럼, 마음에 상처를 입을까 봐 '난 친구가 필요 없어'라며 스스로에게 무의식적으로 거짓말을 하는 거지요.

외톨이 바이러스의 대표적인 증상에는 자기연민이 있어요. 자기연민이란 자신을 가엾어 하는 걸 말합니다. 자기연민은 양날의 검과 같아요. 스스로를 불쌍하게 여기는 것뿐만 아니라 '어느 한 군데도 끼지 못하는 바보'라고 미워하게 한답니다. 이렇게 이중적인 시각은 나에게만 향하는 게 아니라 주변 사람들에게도 적용돼요. 내가 끼지 못하는 무리를 보면서 부러워하다가, 어느 순간에는 자기를 몰라주는 그 친구들을 미워하죠. 신나게 연애하는 친구들을 보고 불같이 화가 나다가, 나도 그렇게 사람을 만나보고 싶은 마음에 은근한 존경심까지 품게 되는 식이에요. 자기도 모르는 사이 감정의 널뛰기를 하게 된답니다.

혼자 있는 시간이 길어질수록 상황은 더 나빠져요. 나에게 먼저 다가오는 친구들에게조차 마음을 열지 않게 된답니다. 심지어는 자신에게 손 내미는 사람을 향해 이제껏 쌓인 슬픔과 분노를 총출동시키기도 해요. 무안이나 상처를 줘서 떠나가게 함으로써 또다시 혼자 남는 것을 선택합니다. 그리고 혼잣말을 하죠. "이것봐, 나는 혼자인 걸 선택한 거지 내가 이상해서 혼자가 된 게 아니라고." 그렇지만 마음속 깊은 곳의 나는 사실이 그렇지 않다는 걸 너무 잘 알고 있어요. 이런 악순환, 혹시 나의 모습은 아닌가요?

"친구들과 어울려 놀거나 속마음을 털어놓고 얘기한 게 언제

인지 기억도 안 나요.”

“만날 지들끼리 몰려다니며 노는 애들을 보면 아주 한심하죠. 하지만 소풍 갈 때 같이 앉을 사람이 없을까 봐 속으론 걱정이 돼요.”

“애들이랑 어차피 말도 안 통해요. 학교에선 그냥 공부만 하려고요.”

“랜덤으로 자리를 정하는데 저랑 짝이 된 애들이 별로 좋아하지 않더라고요. 그러든지 말든지. 저도 마음을 닫았어요. 어쩌다 저에게 말을 거는 사람이 있어도 싸늘하게 대하면 알아서 떨어져 나가요. 그런데요, 제가 정말 왜 그러는지 저도 잘 모르겠어요.”

외톨이 바이러스는 많은 바이러스가 그렇듯이 안팎으로 속을 썩여요. 내 마음을 상하게 할 뿐만 아니라 주변 사람들과 갈등을 일으키고 그들을 힘들게 하지요. 이런 친구가 주변에 있다고 생각해 봐요. 마음이 약한 친구들은 죄책감을 느낄 수 있어요. 기가 센 친구들은 그 애가 분위기를 망친다는 생각에 기분 나빠할 수도 있고요. 또 어떤 친구들은 대놓고 무시하기도 하죠.

외톨이 바이러스에 감염돼 나타나는 증상 가운데 제일 걱정스러운 건 외로움입니다. 외로움은 내가 가진 에너지를 쭉쭉 빨아들이기 때문에 문제가 되거든요. 외로움과 에너지 소모가 어떤 관계일지 이해가 되나요? 흔히 사람을 사회적 동물이라고 하잖아요. 마음을 나눌 수 있는 사람들과 믿음과 기쁨을 나눌 때 열정과 의욕은 더욱 커지기 마련이거든요. 물론 다양한 사람들과 지내려면 적지 않은 에너지가 필요하죠. 친구를 사귀다 보면 양보할 일도 있고 짜증이 나도 참아야 하는 경우가 있잖아요. 하지만 이것은 에너지의 소비나 낭비가 아닌 투자라고 생각해요. 내가 친구를 위해 마음을 투자한 만큼 그 친구는 소중하고 좋은 존재가 되며, 나에게 더 큰 에너지를 선사하지요. 사람들은 그 힘으로 삶을 힘차게 굴려 간답니다.

떠올려 보세요. 마음 맞는 친구와 함께 영화를 보고, 수다를 떨고, 맛있는 걸 먹었던 때를요. 축 처졌던 기분이 회복되고 기운이 번쩍 났던 기억이 있을 거예요. 사람들과 맺는 친밀한 관계에는 이런 힘이 있어요. 마치 방전된 배터리를 충전했을 때와 같이 새로운 힘을 주지요.

이스라엘에는 유명한 호수 두 개가 있어요. 하나는 갈릴리 호수이고, 또 하나는 바다라고 불리지만 실제로는 호수인 사해죠. 갈릴리 호수는 이스라엘 북쪽에 있는 민물호수인데, 주요 수원(水源)은 요단강이에요. 갈릴리 호수에는 다양한 생물이 풍부하게 살고 있어요. 그러나 똑같이 요단강에 연결돼 있는 사해는 갈릴리 호수와 전혀 다르답니다. 사해에는 요단강 물이 들어오는 곳을 제외하면 생명체가 살 수 없다고 해요. 흘러나가는 물 없이 고여 있기 때문이죠. 이것이 바로 그 호수가 '죽은 바다(死海)'라고 불리는 이유랍니다.

　서로서로 관계를 맺고 감정과 생각을 주고받지 않으면 사람 역시 죽은 바다가 될 수밖에 없어요. 외톨이 바이러스가 치명적인 이유가 여기에 있지요. 고립된 내 모습을 비관하고 애달파하는 데 신경을 쓰다 보면 내 삶의 목표를 향해 달려가야 할 때, 살면서 부딪히는 어려움을 이겨내야 할 때 제힘을 발휘할 수 없답니다.

이렇게 해 봐요! ———————

이 책에서 다루는 모든 바이러스가 다 그렇지만, 외톨이 바이러스 역시 자기 존재를 들키고 싶어 하지 않아요. 조용히 숨어 있을수록 더 오래 버틸 수 있으니까요. 여기에서 벗어나려면 내가 지금 등짝이 시릴 만큼 외롭다는 것을 깨닫고 인정해야 해요.

자신의 솔직한 모습을 볼 수만 있다면 외로움이 마냥 나쁘기만 한 것은 아니에요. 영국의 석학 헨리 나우웬은 『영적 발돋움』이라는 책에서 외로움을 홀로 있음으로 발전시킬 수 있다고 말했답니다. 그에 따르면 홀로 있음이란 "피하고 싶은 외로움을 두려워하지 않고 마주 봄으로 더 깊은 의미를 발견할 수 있는 성숙한 상태"라고 해요. 만일 우리가 외로움에만 머물러 있다면 그것은 고통에 불과하겠죠. 하지만 자신의 솔직한 내면을 들여다보면서 홀로 '있음'으로 성숙시킬 수 있다면, 사람들에게도 한 발짝 다가설 수 있을 거예요. 그렇게 본다면 외로움이 언제나 부정적인 것만은 아니랍니다.

——————— 어떤 친구를 사귀고 싶은지 적어 보세요

여러분은 어떤 친구를 사귀고 싶은가요?

외톨이
바이러스

> **예** 몸짱, 얼짱 친구를 사귀고 싶어요.
> ↳ 외적인 모습에 신경을 많이 쓰는 사람일 테고요.
> **예** 인기가 많은 친구랑 친해지고 싶어요.
> ↳ 사람 욕심이 많은 친구일 거예요.

이렇게 목록을 적어 보면 내가 어떤 것을 중요하게 생각하는지 알 수 있어요. 친구 관계에서 어떤 것을 기대하는지도 알 수 있고요. 재미있는 것은 내가 원하는 친구의 모습이 곧 내가 되고 싶은 사람의 모습이라는 점이에요.

누구나 좋아하는 친구 가운데 대표적으로 '내 말을 잘 들어주는 친구'가 있어요. 여러분도 내 이야기를 잘 들어주는 친구를 만나고 싶다고요? 그렇다면 여러분이 먼저 친구의 이야기를 들어주세요. 대부분의 사람은 자신에 대해 이야기하고 싶어 하기 때문에, 자기 말에 귀 기울이는 사람을 좋아하지요.

> **예** 내가 사귀고 싶은 친구는 내가 하는 이야기를 잘 들어주며 재미있어하는 친구다. 이건 내가 다른 사람의 이야기에 귀 기울이며 공감할 줄 아는 사람이고 싶다는 뜻이다.

내가 사귀고 싶은 친구는 ～～～～～～～～～ 친구다.

이건 내가 ⁓⁓⁓⁓⁓⁓⁓⁓⁓⁓⁓ 사람이고 싶다는 뜻이다.

―――――――――――――――― 먼저 손을 내밀어요

주변을 보면 비교적 말 걸기가 쉬운 친구들이 있을 거예요. 그런 친구에게 먼저 말을 걸어 보세요. 그럴 때는 그 친구가 관심 있어 할 만한 주제로 말을 걸어야겠죠?

점심 먹고 한참 졸린 시간에 사탕이나 초콜릿을 건네는 것도 좋은 방법이에요. 감기에 걸린 친구라면 비타민 한 알이나 주스도 좋겠네요. 내가 친구에게 받고 싶은 관심을 먼저 보여 준다면 외로움의 함정에서 좀 더 쉽게 걸어 나올 수 있습니다.

―――――――――― 거절당할까 봐 두렵더라도 용기를 내세요

먼저 손을 내밀기로 마음먹었지만 거절당할 것 같아서 도로 집어넣었다고요? 네, 그 마음 알아요. 다시 상처 입기 싫은 마음일 테니까요. 그렇지만요, 요것 하나만 들어 보세요.

사실 친구들은 내가 먼저 다가오기를 기다리는 걸 수도 있어요. 내가 혼자 놀기를 좋아하는 줄 알고 다가오지 못할 뿐인지 누가 알겠어요?

물론 때로는 나와 어울리고 싶어 하지 않는 친구도 있겠죠. 그러나 '거절당하면 어떻게 하지?' 속으로 수십 번 되씹을 때 느끼

는 마음의 고통이 거절당하는 고통보다 훨씬 더 크다는 걸 알았으면 좋겠어요.

공포 영화를 본 사람들은 알 거예요. 귀신이건 악당이건 간에 범인이 드러나면 무서움이 어느새 사라져 버리죠. 정체를 모를 때, 두려움의 실체가 보이지 않을 때가 가장 무서운 법이거든요. 거절도 마찬가지예요. 거절당할 거라는 생각이 현실이 되는 게 무서워서 지레 움츠러들지만 그건 내 상상 속의 두려움에 불과할지도 몰라요. 용기를 내서 손을 내밀어 보세요.

──────────── 미리 앞질러서 결론짓지 않기로 마음먹으세요

모태 솔로라는 말만 들어도 내 이야기 같아서 몸서리치게 되는 사람이 있나요? 그렇다면 그런 친구들이 꼭 기억해야 할 사실. '모태 커플'이란 없습니다. 이성 친구를 화려하게 사귀면서 잘나가는 친구가 있다면 부러울 수도 있고 샘이 날 수도 있죠. 그렇지만 그 친구 역시, 언젠가는 모태 솔로였던 때가 있었을 거예요. 이성 친구를 사귀기 시작하는 시기는 사람마다 다르죠. 여러 사람과 다양하게 만나 보는 사람도 있고, 한 사람과 깊이 만나는 사람이 있어요. 친구 사귀는 모습이 사람마다 다른 것과 비슷해요. 그리고 여기에는 무엇이 맞다, 어떻게 하면 이상한 거다, 하는 기준이 없어요. 나에게 좀 더 잘 어울리는 모습, 나에게 더 적절한 만남이

있을 뿐이죠.

우울증으로 고생하는 분들에게 특징적인 사고방식이 있다는 이야기 들어 보셨어요? 이분들은 현재가 행복하지 않기 때문에, 미래를 상상하면서 행복해질 거라고 예측하는 게 어려워요. '나는 다시는 행복해질 수 없어!' 같은 생각을 하고 있답니다. 즉, 현재의 감정이 미래에 대한 상상을 지배하는 거죠. 그런데요, 우울증은 병이다 보니 끝이 있거든요! 우울증이 좋아지고 난 뒤에 자신이 아팠을 때 했던 생각들을 돌이켜 보면 "허 참, 제가 별생각을 다 했네요. 지금은 기분이 이렇게 나아졌는데 말이죠"라고 대답하게 된답니다. 이성 교제든, 친구 관계든, 깜깜해 보이는 미래든, 이 지식을 바탕에 깔고 보면 좋겠어요!

———————————————— 편견과 선입견을 버리기로 결심하세요
먼저 이 두 단어의 정확한 의미를 알고 넘어가죠.

편견
공정하지 못하고 한쪽으로 치우친 생각.

선입견
어떤 대상에 대해 이미 마음속에 가지고 있는 고정적인 관념이나 관점.

이 두 가지의 공통점은 '생각의 균형이 깨진 상태'이지요. 몸의 균형이 깨지면 병에 걸리는 것처럼, 생각의 균형이 깨져도 건강하게 생활할 수가 없어요. 넓게 두루 봐야 하는데 좁게만 쳐다보다 넘어지는 것과 같죠.

편견을 깬 제품으로 유명한 포스트잇, 안 써 본 사람 없죠? 잘 붙는 접착제를 개발하다가 우연히 개발된 '잘 떨어지는' 접착제를 이용한 상품이죠. 하지만 처음부터 각광을 받았던 건 아니에요. 사람들은 '붙일 수 있는 메모지'라는 아이디어가 경박하다며 무시했다고 해요. 3M 회사는 포스트잇을 인정하지 않는 중역들의 비서에게 견본품을 보냈고, 그들을 통해 포스트잇의 유용성을 입증했어요. 마침내 포스트잇은 책상 위에 없어서는 안 될 필수품으로 자리 잡았지요.

우리는 물건에 대해서만 편견과 선입견을 가지는 게 아니라 사람에 대해서도 그런 생각들을 하죠. 내가 친구들에게 가지는 편견과 선입견으로는 어떤 게 있을까요? 시대가 많이 달라졌다고 해도 '남자니까' 또는 '여자니까'와 같은 성별에 따른 편견, '이건 공부 잘하는 애들이나 하는 거니까 난 못 할 거야'와 같은 성적에 따른 편견, 그 외에도 '저 애는 다른 애들이랑 친하니까 나하고는 놀지 않을 거야'와 같은 선입견, '쟤 소문이 이상하던데 아마 그렇고 그런 애일 거야'와 같은 선입견까지요.

흠, 이런 생각이 모두 틀렸다고는 할 수 없겠지요. 하지만 자신이 경험해 보기도 전에 섣불리 판단한다면 많은 걸 잃을 수 있어요. 나의 편견과 선입견을 모두 뛰어넘는 사람? 생각보다 많지 않을 수도 있다는 사실! 그리고 내가 그 친구의 편견과 선입견('너는 나 같은 애랑은 친하게 지내고 싶은 생각이 없는 거잖아' 같은 것들)을 넘어서지 못할 경우의 수까지 생각하다 보면 머리가 복잡해지겠죠. 폭넓은 교제를 통해 다양한 것을 배우고 경험할 기회를 스스로 차단하지 말고, 어쩌면 나의 소울메이트가 될 수 있는 친구를 놓치지 않을 만한 결심을 해 보세요. 혼자 하는 결심이 어렵게만 느껴진다면, 이런 마음의 자세는 어떨까요?

─────────── 나와 생각이 다른 사람과 이야기를 나눠 보세요
내 생각이 옳다고 우격다짐으로 설득하려 들지 말고 상대방의 이야기를 잘 들어 보세요. 누군가가 막무가내로 나를 설득하려 든다면 나 역시 움츠러들거나 화가 나잖아요. 최소한 한 번 정도는 상대가 뭐라고 말하나 처음부터 끝까지 조용히 귀 기울여 보세요. 뭐라고 되받아칠 것인지만 궁리하지 말고요. 상대가 하는 말을 잘들은 후에, 그 사람이 들을 준비가 됐다면 그때 내 이야기를 해 보세요.

─────────────────────── 자신에게 딴죽을 걸어 보세요

대개 우리는 나의 민감한 부분을 건드리는 내용이라면 얼렁뚱땅 넘어가고 싶어 하죠. 그러나 다른 사람이 아닌 나 자신을 위해 딴죽걸기를 시도해 보세요.

"이건 공부 잘하는 애들이나 하는 일이니까 난 못할 거야."

↳ "내가 정말 못할까? 그런데 정말 못하는 거면 관심도 안 생겨야 할 텐데, 관심이 생기는 걸 보면 내 안의 무언가가 하고 싶어 하는 게 아닐까? 정말 못하는지 한번 시도해 보는 것도 나쁘지 않을 것 같은데?"

"저 애는 다른 애들이랑 친하니까 나하고는 놀지 않을 거야."

↳ "그 애가 정말 나와 친해지기 싫어할까? 아직 걔하고는 인사도 제대로 나눠 보지 못했는걸. 너무 섣부른 판단인 것 같아. 그 애와 나에게 친해질 기회를 주는 것은 어떨까?"

"쟤 소문이 이상하던데 아마 그렇고 그런 애일 거야."

↳ "소문이 이상하긴 해도 그 애가 자청해서 봉사 활동을 하는 걸 보면 그냥 소문이 아닐까? 내 편견 때문에 그 애의 좋은 점을 못 보고 친해질 기회를 놓친다면 그 애와 나 모두에게 손해일 거야."

딱히 답을 얻지 못해도 좋아요. 자기 생각에 이의를 제기하는 과정 자체가 다양한 생각을 할 수 있도록 도와주니까요.

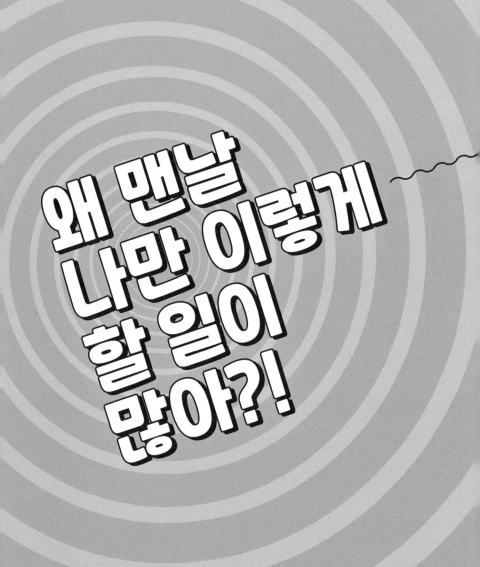

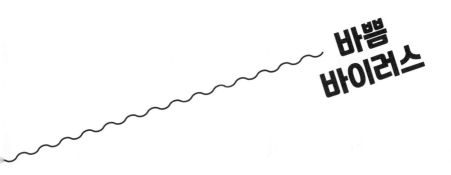

바쁨
바이러스

'중간고사가 열흘 뒤인데, 어떤 과목부터 하지? 영어도 해야 하고, 수학도 문제 풀 게 산더민데… 물리는 또 어쩌고? 이럴 줄 알았으면 방학 때그렇게 노는 게 아니었는데.'

가뜩이나 바빠 죽겠는데 중간고사 때문에 어깨가 더 무거워졌다. 경수의 하루는 정신없이 돌아갔다. 학교에서 비몽사몽 수업을 들은 뒤에 수학 학원에 갔다가 영어 학원으로 이동, 수업 후 자습실에서 공부하다가 학원 버스를 타고 집으로 돌아온다.

주말이라고 여유가 있는 건 아니었다. 억지로 가야 하는 봉사 활동이 아주 죽을 맛이었다. 엄마가 가끔 학원에 데려다주기도 하지만, 회사 일로 바빠서 매번 시간을 내지는 못했다. 그런 날이면 버스를 타야 했고, 안그래도 빠듯한 시간이 더 촉박하게만 느껴졌다.

파김치가 된 채 집에 돌아와서 숙제를 마치고 나면 어느새 새벽 2시가 훌쩍 넘어 있었다.

'아, 오늘도 네 시간밖에 못 자겠네.'

바쁨
바이러스

늘 피곤한 경수는 학교에서는 물론 학원에서도 졸기 일쑤였다.
'오늘은 그동안 밀린 걸 다 끝내고야 말 거야!'
경수는 다짐을 하고 책상 앞에 앉았다.
거기까지가 경수의 의식에 남은 기억이었다. 정신을 차려 보니 경수는
책상에 엎어진 채로 잠들어 있었다.
"아, 나는 왜 이렇게 맨날 바쁘지? 바쁘게 사는데도 왜 성적은 이 모양
이고, 엄마 아빠한테 혼은 혼대로 다 나는 거지? 큰일 났네. 오늘 목표
량의 반도 못 풀었는데…."
경수는 풀다 만 수학 문제를 다시 풀기 시작했다. 하지만 마음이 조급해
져 집중할 수가 없었다.
"아냐, 어차피 수학은 오늘 목표대로 풀긴 글렀어. 영어라도 계획 세운
대로 해야지."
수학 문제집을 덮고 영어 독해집을 폈다. 지문 하나는 어찌어찌 넘어갔
는데 그다음 지문에서 모르는 단어가 많이 나왔다. 생각보다 시간이 오
래 걸리자 경수는 마음이 다시 조급해졌다.
'잠깐, 잠깐. 그래도 영어는 수학보다 성적이 잘 나오잖아. 지금은 영어
를 붙들고 있을 때가 아니지. 이번에도 수학 망치면 진짜 큰일이라고!'
경수는 독해집을 밀어 놓고 또다시 수학 문제집을 펼쳤다. 하지만 이번
에도 집중이 되질 않았다. 오늘따라 눈꺼풀이 지독하게 무거웠다. 몸살
기운까지 있으니 오늘은 자는 게 낫지 않을까? 그런데 어디선가 익숙한

노래가 들려왔다. 어! 이거 내가 제일 좋아하는 노래인데. 가만있자…
근데 이거 내 알람 아니었나? 헉, 아침이다!

"아… 망했다…. 공부하다 잠들었나 봐. 오늘도 숙제 다 못한 채로 학교
에 가야겠네."

경수는 욕실로 뛰어 들어갔다. 양치질을 하며 들여다본 거울 안에는 부
스스한 머리에 다크서클이 턱까지 내려온 한 남자아이가 금방이라도
울 것 같은 얼굴로 서 있었다.

바쁨
바이러스

선생님, 어떡하죠? ———————

"식사하셨어요?"라는 말로 인사를 대신하던 때가 있었어요. 그때
는 끼니를 다 챙겨 먹는 게 무척이나 어려웠거든요. 이처럼 인사
말에는 그 시대 사람들이 중요하게 생각하는 내용이 담겨 있답니
다. 요즘 가장 많이 듣고 또 많이 하게 되는 인사는 이것 같아요.

"많이 바쁘시죠?"

안부를 겨우 바쁘냐는 말로 묻다니…. 우리는 이런 세상에 살
고 있답니다. 한술 더 떠서 바쁜 게 좋은 거라는 말도 하고요, 너
도나도 "바쁘다, 바빠!"를 입에 달고 살지요. 여러분 또래 청소년
은 물론이고, 초등학생들조차 이 말을 자연스레 입에 달고 살아
요. 한 발짝만 물러나서 바라봐도 눈이 핑핑 돌아갈 지경이죠. 어
느 정도 바쁜 건 그럴 수 있다지만, 너무 바빠서 지금 내가 무얼
하고 있는지도 잘 모르는 상태라면 바쁨 바이러스에 감염된 상태
라고 진단할 수 있어요.

바쁨 바이러스에 감염되면 얼핏 보기에는 뭔가 열심히 하고
있는 것처럼 보여요. 다른 사람들이 보기에는 열정적으로 열심히

사는 것 같아 보이죠. 남들만 그렇게 생각하는 게 아니에요. 스스로도 열심히 하고 있다는 착각에 빠지기 쉬워요. 여기서 조심할 것은 이것이 '착각'이라는 사실입니다. 몸이 바쁜 것만큼 성과가 나오지 않으니까 착각이라고 말한 건데요. 그러다 보니 자꾸 허둥대고요, 마음이 조급한 만큼 짜증도 늘어요.

우왕좌왕하는 바쁨은 불안의 또 다른 모습이라고 볼 수 있어요. 느긋하게, 차분하게 자기 일을 잘 해내는 사람은 "바쁘다, 바빠!"를 입에 달고 살지 않거든요. 그런데 자기도 모르게 '이건 아닌데, 내가 지금 뭘 하는 거지?' 하는 사람들은 혼자 바쁜 티는 다 내면서 막상 제대로 하는 건 별로 없어요. 인강을 들으면서도 수행평가 준비를 해야 할 것만 같아요. 그런데 막상 실제로 수행평가 준비에 들어가면 기출 문제 풀이집을 찾아봐야 할 것 같은 식이죠. 이건 공부에만 국한된 이야기가 아니에요. 차분하게 앉아서 책을 읽으려고 하면 화장실이 가고 싶고, 화장실 다녀와서 다시 책을 펴면 갑자기 이상하게 목이 말라 냉장고 앞으로 다가가죠. 이런 모습이 남의 일 같지가 않다면 바쁨 바이러스에 감염된 게 아닌지 의심해 보세요.

경수가 딱 그랬거든요. 제일 바쁘게 사는 학생이잖아요. 매일 정신없이 학교에서 학원으로, 이 학원에서 저 학원으로 옮겨 다니고요. 하지만 수학 문제집과 영어 독해집을 들었다 놨다만 하고 집중하지 못하죠. 경수라고 편안히 누워서 잠을 자고 싶은 마음이 왜 없겠어요? 몸살 기운까지 있었는걸요. 그런데 너무도 바쁘게 허둥거리다 보니, 쉬면서 재충전할 기회들을 스스로 놓친 거나 마찬가지였어요.

사실 이것은 경수 개인만의 문제가 아니기는 해요. 교육열 높은 것으로, 경쟁이 치열한 것으로 유명한 우리나라의 마음 아픈 현실이 경수의 피곤에 절은 눈빛에 비쳐 보이는걸요. 그렇지만 아무리 이게 여러분의 현실이라고 해도 떠미는 대로 무작정 밀려가서는 안 돼요. 오랜만에 "호랑이에 물려 가도 정신만 차리면 산다"란 말을 떠올려 보면 어떨까요? 내가 지금 당장 우리나라의 교육 시스템을 바꿀 수는 없지만, 내가 숨 쉴 수 있는 공간을 확보하는 노력은 지금 당장 할 수 있거든요.

마냥 바빠 하는 것을 그저 나의 스타일로 여기지 마세요. 목표를 이루려면 바쁜 건 어쩔 수 없다고 치부하지도 말고요. 의미 없는 부지런함은 성과를 내기 어려울뿐더러 오히려 또 다른 불안의 씨앗을 심는 셈이니까요.

이렇게 해 봐요! ──────

바쁨의 원인은 크게 '쉼이 부족한 것'과 '목표가 없는 것' 이 두 가지로 나눌 수 있어요. 첫째는 말 그대로 쉴 짬이 전혀 없어서 마냥 바쁜 것이고, 둘째는 뭘 하고 있는지를 몰라 여기저기 헤매느라 바쁘고 분주한 것이죠. 형태는 조금 다르지만 여기서 벗어나기 위한 방법은 같아요.

먼저 잠시 걸음을 멈추고 천천히 심호흡해 보세요. 앞에서 배웠던 복식 호흡(25쪽)을 해 봐도 좋고요. 단순하게 내가 숨 쉬는 것을 찬찬히 지켜보는 것도 좋아요. 숨을 들이쉴 때 내 몸의 움직임과 느껴지는 감각들을요. 숨을 내쉴 때도 마찬가지로 내 몸이 이렇게 움직이고 이런 느낌이 드는 것을 가만히 지켜보세요. 그리고 편안해졌다는 느낌이 들 때 나에게 한마디 해 주세요.

"여기까지 오느라 그동안 정말 애썼네. 잘했어. 그러니 잠깐 쉬어 가자."

그러고 나서 다음 방법들을 실천하는 거예요. 제대로 쉬는 시간을 꼭 만드세요. 바쁨 바이러스를 치료하는 가장 좋은 방법은

'쉼'이에요. 땅도 휴식을 줘야 다음 농사 때 풍성한 수확을 안겨 주고요, 운동선수들도 잘 쉬어야 좋은 결과를 낼 수 있어요. 근육을 만들기 위해 노력할 때에도 중간중간 쉬는 날을 두어야만 내 몸이 근육을 생성할 수 있어요.

신은 사람을, 자연을, 생명이 있는 모든 존재를 그렇게 만들었지요. 사람이 만든 거라고 해도 다르지 않아요. 아무리 최신형 휴대폰이라 하더라도 충전을 안 하고 계속 사용하면 어느 순간 전원이 확 나가 버리잖아요. 사람은 더해요. 충전기에 연결해 주지 않으면 아차 하는 순간에 나가 버리게 된답니다. 컴퓨터로 작업할 때에도 순식간에 날아가 버리지 않게 중간중간 저장해 주듯이, 몸과 마음의 배터리도 나가기 전에 짬짬이 충전을 해 줘야 제 기능을 다 할 수 있지요.

그렇다면 어떻게 쉬어야 할까요? 모든 사람에게 적용할 수 있는 단 하나의 '제대로 쉬는 법'은 없어요. 어떤 사람에게는 음악을 듣는 것이 쉼이지만, 어떤 사람에게는 음악을 듣는 것이 일이거든요. 어떤 사람은 등산하면서 스트레스를 풀지만 어떤 사람은 주말에 억지로 등산해야 할 생각에 벌써부터 스트레스를 받을지도 몰라요.

그래서 여기서는 쉼의 큰 원칙만 설명할게요. 제일 중요한 건 마음이 쉴 수 있는 환경을 만드는 거예요. 우리는 생각보다 환경의 영향을 많이 받지요. PC방에서 공부하는 것과 독서실에서 공부하는 건 차이가 크잖아요? 제대로 쉬는 것 역시 마찬가지죠. 내가 어디에서 무얼 했을 때 마음이 가장 편하고 좋았는지 기억을 더듬어 보세요.

- 내 방에 누워 음악 소리에만 귀 기울일 때
- 가족들이랑 바닷가에 누워서 파란 하늘을 올려다볼 때
- 친구들과 카페에서 수다를 떨 때
- ~~~~~~
- ~~~~~~
- ~~~~~~
- ~~~~~~

이것을 내가 처한 환경에 맞게 적용해 보세요. 음, 잠깐. 지금은 바닷가에 갈 수가 없다고요? 네, 하고 싶다고 다 할 수는 없지요. 그것이 인생 아니겠어요? 그러니 실망하지 말고, 눈을 감고 누워서 기억을 호출해 보세요. 내가 경험했던 편안한 휴식의 기억을 불러오기 해서 지금의 내 현실에 덮어쓰기 하는 거죠. 지친 나에게 '휴식'을 선물하는 거예요.

이런 쉼은 시간을 정해서 하는 게 좋아요. 오늘따라 수학에 꽂

혀서 열심히 달리고 있는데 쉬는 시간을 알리는 알람이 울리면? 이때 펜을 딱 놓고 일어서야 해요. 맺고 끊기를 잘해야만 집중력을 더 키울 수 있답니다.

──────────────────────── 목표를 정해요

앞서 말했듯이 마냥 바쁜 모습은 눈에 보이는 목표가 없을 때 생길 수 있어요. 그러니 여러분은 자신만의 목표를 가져 보면 좋겠어요. 꼭 거창한 목표가 아니어도 돼요. 멋지고 그럴듯한 목표보다 내가 할 수 있는 목표를 세우는 게 중요해요. 다이어트를 할 때 "나는 15킬로를 빼고 말 거야!" 또는 "슈퍼모델이 되고 말겠어!" 같은 목표보다 "오늘부터 나는 간식을 안 먹을 거야" 같은 목표를 세우는 편이 달성할 가능성도 높고 실제로 살 빼는 데 도움이 되는 것과 같은 원리죠. 내가 할 수 있는 목표를 세우면 '자기 효능감'이라고 해서, 이걸 내가 해낼 수 있겠다는 생각을 하게 돼요. 자기 효능감이 높으면 행복감과 삶의 만족도가 높아진다는 건 잘 알려진 사실이에요. 영어 공부를 하겠다고요? 이번 영어 시험에서 5점 올리기, 아니면 한 등급 올리기 같은 구체적인 목표를 세우면 더 좋아요. 지금껏 목적 없이 그저 열심히만 달려왔다면 이제 그 습관을 바꿔 보도록 하죠. 마음은 마냥 바쁜데 공부가 잘 안되고 있다면 자신에게 물어보세요.

"내가 지금 왜 영어 공부를 하는 거지? 중간고사를 잘 보기 위해서? 영화 볼 때 자막 없이 보고 싶어서? 아니면 엄마가 하라고 하니까?"

이 질문에 대한 대답은 여러분의 몫이에요. 스스로 대답하다 보면 나의 목표가 무엇인지 조금씩 분명해지죠. 내가 세워야 할 계획, 내가 달성해야 할 목표를 명확히 할수록 바쁨 바이러스에서 빨리 벗어날 수 있답니다. 자, 질문을 시작해 볼까요?

- 나는 왜 이렇게 바쁘게 허둥대고 있지?
- 내 삶의 목표는 무엇일까?
- 오늘 내가 꼭 풀어야 하고, 실제로 풀 수 있는 문제집의 범위는 어디까지지?

- ~~~~~~~~~~~~~~~~~~~~~~~~~~~~~~~~~~~~~
- ~~~~~~~~~~~~~~~~~~~~~~~~~~~~~~~~~~~~~
- ~~~~~~~~~~~~~~~~~~~~~~~~~~~~~~~~~~~~~
- ~~~~~~~~~~~~~~~~~~~~~~~~~~~~~~~~~~~~~

발이 부르트게 걸었어도 맞는 길로 걸어온 게 아니라면 열심히 걸은 만큼 손해입니다. 잘못 걸어온 그 길을 돌아가야 하니까요. 빨리 가는 것보다 더 중요한 것은, 내가 가야 할 곳을 향해 정확히 가는 것이랍니다.

———————————————— 우선순위를 정하세요

응급실에 숨을 제대로 못 쉬는 환자가 피를 철철 흘리면서 실려 왔다면 의사는 어떤 처치부터 해야 할까요? 초보 의사들이 쏟아지는 피를 보고 당황해서 지혈하려고 애쓰다가 사고를 치지 않도록, 의과 대학에서는 순서를 정해서 외우게 하지요. ABC 이런 식으로요. A는 Airway(기도 확보), B는 Breathing(호흡), C는 Circulation([혈액]순환)입니다. 숨을 못 쉬는 게 가장 큰일이기 때문에 숨을 잘 쉴 수 있도록 처치를 해야 해요. 아무리 급해도, 아니, 급할수록 우선순위를 세워야 하죠. 이건 생명을 다루는 의사들에게만 해당되는 이야기가 아니랍니다. 급하게 서두르느라 중요한 것을 놓치지 않도록, 나만의 우선순위를 정리해 보세요. 뭐부터 해야 할지 막막하다면 스스로에게 물어보세요.

"나, 지금 시험을 앞두고 있는 건 맞는데 왜 이렇게 마음이 급하지? 일단은 방 정리부터 해야 할 것 같긴 한데, 지금 꼭 해야 하는 건가?"

"다른 건 몰라도 오늘 꼭 해야 할 일이 뭐지?"

"시험이 내일모렌데 오답 노트를 만들까, 아니면 문제집을 더 풀까?"

서둘러 답하려고 하지 마세요. 진짜 중요한 일부터 순서대로 적는다고 할 때, 맨 위에 올라갈 내용은 무엇인가요?

~~~~~~

~~~~~~

~~~~~~

~~~~~~

———————————————————— 한 번에 한 가지 일만 하세요
분주함이 몸에 배면 음악을 틀어 놓고 따라 부르면서 공부하는 것이 전혀 이상하지 않게 느껴져요. 그렇지만 이렇게 공부하면 내용이 머릿속에 남기가 힘들다는 사실! 공부 시간만 길어지고 시간에 쫓길 수밖에 없게 되지요.

한 번에 여러 가지 일을 해낸다는 멀티 플레이어, 듣기엔 멋있지만 어느 하나 제대로 집중하지 못하다가 시간은 시간대로 흘러가 버리고 남는 것은 많지 않을 거예요. 한 가지 일에만 매달리는게 불안할 수도 있지만, 눈에 보이는 성과를 얻기 원한다면 과감하게 시도해 보세요.

내가 오늘 붙잡을 나만의 딱 한 가지는

〜〜〜〜〜〜〜〜〜〜〜〜〜〜〜〜〜〜〜〜〜〜〜〜〜〜〜〜〜〜〜〜〜〜〜〜 야.

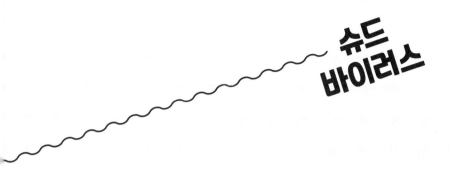

담임선생님은 좀 당황스러운 듯했다.

"성민아, 네 성적이면 간호대에 가는 건 문제가 없을 것 같은데? 정말 그냥 취직하려고?"

"네, 그냥 취직하는 거로 결정했어요."

"그래? 뭐… 네가 결정했다니 선생님은 더 할 말이 없긴 하지만… 지금까지 선생님이랑 해 왔던 이야기도 그렇고, 네 성격이나 미래를 생각해 볼 때 시간이 좀 걸리더라도 간호대에 진학하는 쪽이 훨씬 나을 것 같기는 한데."

"아니에요, 괜찮아요. 걱정해 주셔서 감사해요."

"아니 뭐, 걱정이랄 것까지야 없지만… 그래 알았다. 어쨌든 생각은 좀더 해 보고 다시 이야기하고 싶으면 그때 이야기하자. 선생님은 네 꿈을 아니까 그게 아쉬워서 그래."

담임선생님의 얼굴에는 말 그대로 아쉬운 표정이 가득했다. 그럴 만도 했다. 성민이는 사실 1학년 때부터 간호사가 돼 아픈 사람들을 위해 봉사하고 섬기는 게 꿈이라고 이야기하고 다녔다. 특성화 고등학교에서

대학에 진학하는 게 쉬운 일이 아니니, 성민이의 꿈을 알고 있는 선생님
들은 다들 도와주려고 애를 썼다. 그런데 성민이가 느닷없이 고졸 특채
를 뽑는 일반 회사로 방향을 바꾸니 다들 놀라지 않을 수 없었다.
교실로 돌아오자 친구들이 물었다.
"야, 너 정말 대학 안 가고 우리처럼 그냥 취업하는 거야? 네 꿈은 어떻
게 되는 건데?"
'내 꿈? 내 꿈이 뭔데? 니들이 뭘 알아!'
성민이는 굳은 얼굴로 가방을 주섬주섬 챙겼다.
"야! 어디 가? 오늘 우리 PC방 갔다 가기로 했잖아!"
"성민아! 야!"
성민이는 홀로 교실 문을 나섰다. 친구들의 말에 마음이 흔들렸지만 금
세 다잡았다.
'잘한 결정이야. 지긋지긋한 집구석을 하루라도 빨리 벗어나려면 얼른
돈을 벌어야지.'
항상 돈 걱정으로 가득한 엄마를 보는 것도 힘들었다. 철모르고 말썽만
부리는 여동생을 보는 건 더 힘들었다. 그래, 간호대를 나와서 간호사
가 되는 것도 좋다. 그렇지만 등록금은 어떻게 감당하라고? 몇 년 기다
려서 더 높은 월급을 받는 것과 하루라도 빨리 돈을 버는 걸 어떻게 비
교할 수 있지? 사람들이 나에게 하는 말이 무슨 뜻인지는 잘 알고 있다.
너무 잘 알고 있기 때문에 가슴이 질식할 듯 답답해질 정도다.

등에 멘 책가방이 갑자기 부르르 떨렸다. 주섬주섬 휴대폰을 꺼냈다. '이 시간에 누구지?' 하는 생각과 거의 동시에 '받지 마'라는 글자가 눈에 들어왔다. 성민이는 익숙한 동작으로 수신 거부를 눌렀다. 생각 같아서는 아예 수신 차단까지 해 버리고 싶었지만, 그나마 아버지가 유일하게 지원해 주고 있는 게 이 휴대폰 비용이었다. 혹시라도 수신 차단을 했다가 아버지가 휴대폰 요금까지 안 내주면 큰일이다 싶어서 그렇게 하지를 못하고 있었다. 답답했던 가슴 한쪽에서 뭐라고 말할 수 없는 감정들이 올라오는 게 느껴졌다. 슬픔인가?

'슬퍼할 가치도 없어. 우리를 헌신짝처럼 버리고 떠났잖아. 성공해서 돈 많이 번 다음에 만날 거야. 자기 없이도 훌륭하게 자란 모습을 보면 후회하겠지.'

아빠라고 부르고 싶지 않아서 '받지 마'라고 이름 붙인 사람, 아빠…. 아주 잠깐이지만, '만일 아빠가 우리랑 살았다면 나는 간호대에 갈 생각을 더 해 볼 수 있지 않았을까?' 하는 생각이 들고 말았다. 그 순간 기다렸다는 듯이 뺨 위로 뜨거운 눈물이 흘러내렸다. 성민이는 이내 머리를 흔들며 감상적인 마음을 눈물과 함께 털어 냈다.

'정신 차려, 차성민! 지금 눈물이나 질질 짜고 있을 때가 아니잖아. 이미 결정한 거니까, 더 이상 뒤돌아보지 말자. 나로선 최선의 선택을 한 거야. 그러니까 정신 차리라고!'

슈드
바이러스

선생님, 어떡하죠?

성민이의 이야기, 정말 마음 아프죠? 상황이 어렵고 힘든 건 이
해하지만, 오래 품고 있었던 꿈을 뒤로 하고 결정을 내려 버리는
모습이 안타깝게 느껴집니다. 가뜩이나 무거운 성민이의 마음을
더욱 짓누르는 정체는 바로 과도한 의무감이랍니다. 일명 슈드
(should) 바이러스죠. 슈드에는 이래야 한다, 저러면 안 된다는 의
미가 들어 있기 때문이에요.

　의무감이 뭐가 나쁘냐고요? 의무감, 그 자체는 분명 나쁜 게
아니에요. 세상을 살아가려면 적당한 의무감은 반드시 필요해요.
실제로 우리들은 학생으로서, 친구로서, 자녀로서 의무를 다할 때
칭찬을 받지요.

　반대로 해야 할 일을 하지 않으면 눈총을 받거나 더러는 벌을
받잖아요. 지나치게 자기 의무를 다하지 않는 사람들은 '반사회성
인격 장애'라는 진단을 받기도 한답니다. 청소년기에는 무단결석,
규칙 위반, 거짓말 등의 모습을 보이고요. 성인기에는 직장 생활
을 꾸준히 하지 못하거나 아예 일하지 않는 것 같은 사회 부적응,
범법 및 폭력 행위, 성적 문란 등의 모습을 보이지요. 이렇게 병적
인 것까지 아니더라도 약속을 잘 지키지 않는 친구를 볼 때 올라

오는 짜증을 생각한다면 기본적인 의무감은 정말 중요하죠.

하지만 과유불급이라! 아무리 좋은 것도 심하면 문제가 된답니다. 시원한 음료수 한잔이 간절히 생각나는 무더운 여름, 땡볕 아래에 있다가 누군가가 건네준 음료수 한잔을 벌컥벌컥 들이켠다면? 머릿속이 뻥 뚫린 듯 시원해지겠죠. 그런데 만일 1.5리터짜리 한 병을 다 마셔 버린다면? 분명 배탈이 날 거예요. 급하게 화장실을 찾아 뛰어갈 때는 더워서 흘리는 땀이 아니라 배가 아파 흘리는 식은땀일 수도 있겠죠.

의무감도 마찬가지랍니다. 지나치면 탈이 나고 말죠. 이래야 한다, 저러면 안 된다는 생각은 처음에는 별문제가 되지 않을 수도 있어요.

'이번 시험에서 꼭 성적을 올려야 해.'
'그 (이성) 친구와 꼭 사귀고 싶어.'
'학원 수업 시간에 절대 늦어선 안 돼.'
'내 생일인데 당연히 내가 원하는 걸 사 줘야지.'

이런 생각들, 뭐 그렇게 나빠 보이지는 않지요? 우리도 평소에 쉽게 하는 생각들이니까요. 그런데 이건 그냥 시작일 뿐이에요. 슈드 바이러스가 무럭무럭 자라나면 내 영혼 깊숙한 곳까지 파고들게 됩니다.

'이번 시험에서 꼭 성적을 올려야 해. 그러지 않으면 S대에도 못갈 거고, 결국 나는 인생 낙오자가 되고 말 거야.'
'그 친구와 사귀지 못한다면 이런 인생은 살 가치가 없어. 내가 아닌 다른 사람과 그 애가 함께하는 건 눈 뜨고 못 보지.'
'학원 수업 시간에 늦을 것 같으면 아예 안 가는 게 낫겠어. 아파서 못 간다고 할 거야.'
'내 생일에 내가 사 달라는 걸 안 사 주는 게 무슨 부모야? 말로만 사랑한다고 하면 뭐해? 필요한 걸 주지도 못하면서 그게 무슨 사랑이람.'

여기에 다른 바이러스까지 맞물리면 상황은 더 심각해져요. 원래 앓던 병 때문에 얻게 된 합병증이 아주 위험한 것처럼요. 그 예로 의무감이 완벽주의와 맞물린 경우를 한번 볼까요?
"○○○해야만 한다, 그것도 아주 잘!" 말로만 들으면 그럴듯해 보일 수도 있어요. 그런데 이런 생각을 하는 사람들은 분노의 화신으로 변할 가능성이 커요. 생각이 '베프라고 말할 수 있는 친구 사이라면 무조건 내 편을 들어야 해. 그것도 아주 잘! 안 그러면 그게 무슨 베프람?'과 같이 흘러가기 때문입니다. 자기가 잘하는 건 뭐 그렇다 치지만, 친구에게도 그 정도 수준을 요구하는 건 문제가 되죠. 그 친구가 열 가지를 잘하다가 하나만 잘못해도 친구라면 이럴 수 없다며 매몰차게 굴어요. '그 친구는 베프가 아니었나 봐' '내가 만나는 애들은 다 이 모양인가 봐' '나는 이것밖에 안되는 사람인가 봐' 하면서 스스로도 상처를 크게 입고요. 조금만 더 함께 지내다 보면 가까운 사이로 발전할 수 있을 텐데 중간에서 관계를 끝내 버리기도 하지요.

　슈드 바이러스는 나도, 남도 몰아붙이는 특징이 있어요. 먼저 남을 몰아붙이는 모습을 볼까요? 자기가 세운 규칙에 굉장히 엄격하다 보니 소풍날 지각하거나 야자 때 시끄럽게 떠들면서 공부를 방해하는 아이들을 비난해요. 그런데 주머니 털어 먼지 안 나는 사람 없잖아요. 누구는 이래서 못마땅하고 누구는 저래서 못마땅하고…. 이렇게 사람들의 못마땅한 점을 너무 세세하게 지적하니 친구들과의 관계가 좋을 리 없지요. 다음으로는 자신을 벼랑 끝으로 몰아붙이는 모습을 볼까요?

　'이번엔 꼭 1등을 해야 해! 이번에도 못 하면 난 사람도 아냐. 살 가치도 없어.'
　'게임 그만두기로 약속해 놓고는 또 엄마한테 짜증 내면서 폰을 내놓으라고 화를 냈어…. 나는 인간도 아냐. 쓰레기야.'

아, 물론 규칙이나 목표 없이 대충대충 살라는 뜻은 결코 아니에요. 적당한 틀을 갖고 있어야 나도 남도 살기가 좋죠. 규칙도 목표도 없이 사는 삶만큼 피곤한 것도 없거든요. 그렇지만 뭐든 지나치면 문제라는 사실! 슈드 바이러스에 짓눌리면 내 삶의 정점으로 달려가는 데 써야 할 에너지를 스스로 만든 규칙들을 지키는 데 다 써 버리게 되거든요.

여러분이 좋아하는 RPG 게임을 한번 생각해 보세요. 적들과 싸워 이기려면 '군수 물자'가 충분히 있어야 하잖아요. 그런데 적이 나타나기도 전에 담벼락이나 가로수처럼, 아무 데나 대고 아이템을 다 써 버렸다면? 적이 나타났을 때 나에게 남은 총알이 하나도 없다면 게임 오버가 되는 거지요. 슈드 바이러스에 걸리면 이와 마찬가지로 정작 중요한 시점에서 써야 할 에너지를 허비하게 된답니다.

이 바이러스가 해로운 또 하나의 이유를 알려드릴게요. '이걸 꼭 해야 해!'라는 생각은 일상 속에 숨어 있는 '즐거움'을 파괴해요. 천재는 노력하는 사람을 이길 수 없고, 노력하는 사람은 즐기는 사람을 이길 수 없다죠. 슈드 바이러스는 즐겁게 할 수 있는 것들을 다 얼어붙게 만든답니다. 게임을 해도 즐기면서 하는 게 아니라 반드시 이겨야 하고요. 공부를 해도 안 하면 안 되니까 억지로 하죠. 친구들과 어울릴 때도 그 친구가 좋아서가 아니라 친구가 많아야 잘 나가는 사람이란 생각에 일부러 더 어울리려 들어요. 이런 슈드 바이러스의 모습은 즐거울 때 우러나오는 최고의 의욕과 열정을 원천 봉쇄하는 고약한 특징이 있습니다.

이렇게 해 봐요! ————

의무감에 사로잡힌 사람들은 자신을 있는 그대로 받아들이지 못하고 이상적인 모습을 상상하곤 해요. 자신의 현재 모습과 이상적인 모습의 차이를 받아들일 수 없어 괴로워하죠.

　이상과 현실의 차이란 말에 대해 좀 더 자세히 설명해 볼게요. '이렇게 해야만 해' '저렇게 하지 않으면 안 돼' 같은 꽉 짜인 기준을 가진 사람은 이상적인 나를 목표로 삼는 건데요. 그건 사실 현재 자신의 모습에 만족하지 못한다는 뜻이기도 해요. "난 더 예뻐질 거야!"라고 하는 친구의 마음 밑바닥에는 '사실 지금 나는 안 예뻐'라는 생각이 들어 있다는 말입니다. 자신이 마음에 안 들수록 그럴듯해 보이는 이상형을 정해 놓고, 그 모습에 자신을 끼워 맞추기 위해 이런저런 규칙들을 적용합니다.

　　"그런데요, 제가 듣기에는 너무 억지처럼 들려요. 목표가 있어야 열심히 하는 거 아닌가요? '해야 한다'는 생각이 있어야 의욕도 생긴다고 보는데요."

　아마 이렇게 항변하고 싶은 친구들도 있을 거예요. 네, 그 말도 맞아요. 목표가 없으면 열심히 할 수가 없고, '해야지~!'라는 생각을 해야 의욕이 생깁니다. 그렇지만 뭐든지 과유불급, 정도를 지나치면 모자란 것만 못하다고 하잖아요. 열심히 할 수 있는 딱 그 정도까지의 목표, 힘을 낼 수 있는 딱 그 정도까지의 원칙이라면 얼마든지 환영입니다!

──────────────── 마음을 긍정적인 생각으로 채워 보세요

자, 첫 단계는 머릿속에 그려 놓은 이상적인 내 모습을 잠시 내려 놓는 것으로 시작해요. '난 이래야 해' '내가 이러면 절대로 안 되는데'라고 생각하는 것들을 적어 보세요.

예 1-1

나는 누가 봐도 괜찮은 사람이고 싶어. 절대 화는 내지 않을 거야.

예 2-1

나는 우스꽝스러운 실수를 저지르는 사람은 되기 싫어.

예 3-1

나는 이성 친구 한 명 없이 혼자 있는 불쌍한 사람으로 보이기 싫어. 잘 나가는 사람으로 모두의 기억에 남고 싶다고.

~~~~~~

~~~~~~

이런 생각을 잠시 내려놓고요, 다음 단계는 지금의 나를 인정하는 것입니다.

예 1-2

사실 화를 잘 조절하지 못할 때가 있어. 괜찮은 사람이고 싶은데 뜻대로 안 되는 거지. 근데, 이게 나야.

예 2-2

아까 정말 속상하지만 우스꽝스러운 실수를 저지르고 말았어. 너무 창피해서 얼굴이 새빨개졌어. 다행이라면 아까 일을 기억하는 사람은 별로 없는 것 같은데…. 나 혼자 그 일을 기억하고 이러는 거 아닐까?

예 3-2

그래, 인정할 건 인정하자. 나는 지금까지 한 번도 이성 친구를 사귀어 본 적이 없다고. 그래도 내가 모자라서 그렇다고 생각하지는 않아. 모두에게 선망의 대상인 연예인도 겉으로는 화려하지만 사실은 이성 친구 한 번 사귀어 보지 못한 쑥맥이라고 고백하는 것도 들어 봤잖아. 나에게는 아직 기회가 오지 않은 것뿐이야.

마지막 단계입니다. 내가 좋아하는 긍정적인 말들을 떠올려 보세요. 금세 떠오르지 않을 수도 있어요. 유명한 명언이 아니어도 좋고요. 인터넷에서 떠돌아다니는 이야기들도 나쁘지 않아요. 아무리 해도 잘 떠오르지 않는다면, 내가 지금 듣고 싶은 말들… 마음을 편하게 해 주는 생각들을 떠올려 보세요.

예 1-3

다음부터 화났다 싶을 때 입술을 꽉 깨물어 보지 뭐.

예 2-3

이제 그만 뒤돌아보자. 앞을 보자. 자꾸 뒤를 보다 보면 또 넘어질 수도 있으니까.

예 3-3

나중에 정말 좋아하는 이성 친구를 사귀게 되면 네가 내 첫사랑이라고 말할 수 있는 자격을 갖춘 거야, 나는.

예 1-4

괜찮아, 잘될 거야. 지금까지 잘해 왔잖아.

예 2-4

나는 나 자체로 충분히 가치 있는 사람이야, 이 세상에 나란 사람은 단한 명인걸. 잘났건 못났건 나는 나야.

예 3-4

나는 사랑받기 위해 태어난 사람이라고 하더라. 잘 믿어지지는 않지만 그렇다니까 그렇다고 치지 뭐.

~~~~~~

긍정적인 생각을 하는 게 말처럼 쉽지 않을 거예요. 방을 어지르기가 방을 정돈하기보다 훨씬 쉬운 것처럼, 부정적인 생각하기가 긍정적인 생각하기보다 훨씬 쉽답니다. 그렇지만 지지 마세요! 뭐든지 연습이 필요한 법이니까요. 부정적인 생각의 파도가 내 마음속으로 밀려온다면, 그 파도를 넘어가는 방법을 배우면 됩니다.

앞에서도 소개한 방법을 여기에서도 써먹을 수 있어요. 자꾸 안 좋은 생각이 들 때, 그 생각 뒤에 '그래도~' 하면서 긍정의 말을 덧붙여 보세요(29쪽). 부정적인 말이 내 머릿속에서 떠들게 내버려 두지 않으려면, "그래도 이런 건 괜찮잖아" 하며 속삭이는 말을 불러들일 필요가 있답니다.

─────────────── 릴랙스~ 어깨에서 힘을 빼세요!
마음을 풀었으니 이제는 몸을 풀어 볼게요. 마음이 문제인데 몸이 무슨 상관이냐고요? 저를 믿고 좀 더 따라와 보세요.

`전제 조건`
무언가를 잘하면 좋겠지만 못한다고 큰일이 나는 건 아니에요.

　진짜 큰일은 힘이 빡 들어간 채로 질질 끌려다니다가 제풀에 지쳐 쓰러지는 거지요. 이때 마음만 지치는 게 아니라 몸도 망가진다는 사실, 잘 몰랐죠?
　지나친 의무감은 우리 몸을 긴장 상태에 빠뜨린답니다. 스트레스 상황에서는 내 몸이 드넓은 밀림에서 사자에게 쫓기는 연약한 어린 동물같이 반응하거든요. 역시 여기에도 해결책이 있으니 안심하세요. 몸을 풀어 줌으로써 마음도 푸는 거죠.
　먼저, 세상에서 가장 편하다고 생각되는 자세를 취하고 근육

풀 준비를 하세요. 근육을 제대로 느끼려면 의자에 편하게 앉는 자세가 가장 좋답니다. 이게 불편하다면 두 다리를 쫙 뻗은 채로 벽에 기대앉아도 좋고, 큰 대(大) 자로 누워도 좋아요.

　이제 머리끝부터 발끝까지 근육을 하나하나 훑어가면서 힘을 꽉~ 주었다가 풀어 보세요. 머리부터 시작합니다. 이마와 눈썹 근육에 힘을 힘껏 주었다가 일시에 긴장을 확 풀어서 근육이 이완되는 느낌을 느껴 봐요. 다음에는 어금니를 앙다물면서 양 볼에 힘을 주었다가 긴장을 한 번에 확 푸세요. 목, 오른쪽 어깨, 왼쪽 어깨, 오른팔, 왼팔, 오른쪽 주먹, 왼쪽 주먹… 이렇게 몸 전체의 근육을 이완시키고 나면 근육은 물론 마음까지 편해짐을 느낄 수 있을 거예요. 이렇게 근육을 풀어 주는 방법에는 '점진적 근육 이완법'이라는 그럴듯한 이름도 붙어 있답니다. "와, 내가 이완법을 해 봤네?" 어때요, 멋지게 들리죠? 그리고 자신에게 물어보세요.

"안 그러면 어떻게 되는데?"

눈을 감고 가만히, 자신에게 물어보세요.

"엄마 말대로 하려니까 너무 힘들어. 이렇게 힘든데 꼭 해야 할까? 안 하면 어떻게 되는데?"

당장은 끔찍한 일이 벌어질 것만 같을 거예요. 하지만 스스로에게 정직하게 묻다 보면 결국 별거 아닌 일에 목을 매고 있었다는 사실을 깨닫게 된답니다. 거짓말 같다고요?

"난 이번 시험에서 반드시 성적을 올려야 해. 그러지 않으면 대학에 못 갈 거야."

ㄴ "정말? 이번 시험이 실제 수능이야?"

"아니, 그건 아닌데…."

ㄴ "그럼 이번 시험이 마지막이야?"

"아니, 그것도 아닌데…."

ㄴ "잘해야만 한다는 생각에 사로잡혀서 정작 공부에 집중을 못 하면 그게 더 안 좋은 거 아닐까?"

"그건 그렇지만…."

ㄴ "대학에 못 간다고 해도 그걸로 인생이 끝일까? 기회는 또 오잖아. 다시 공부를 할 수도 있고 다른 길을 찾아볼 수도 있지 않을까?"

앞에서 이야기한 내 머릿속을 꽉 채운 부정적 생각의 끄트머리에 '그래도'를 붙이는 것과 비슷한 원리입니다. '반드시 그렇게 해야 한다고!'라는 생각 뒤에 '안 되면 뭐 어쩌라고…'라는 식의 소심하지만 뼈 있는 질문을 붙이는 거죠.

진로에 대해 고민하는 친구들이라면 스스로에게 꼭 이런 질문들을 던져 봤으면 좋겠습니다. 누군가의 기대나 사회적인 압력으로 자신의 길을 결정한 경우, 남들 보기엔 멋져 보이는 직업을 갖고도 후회하며 상담하러 오는 사람들이 많거든요. 그런 사람들은 '이렇게 해야 해! 안 그러면 안 돼!' 하면서 자신을 몰아붙이다가, 자기가 꿈꾸던 그 자리에 다다라도 행복하거나 만족스럽지 않은 것을 느끼면서 실망에 빠지는 경우가 많답니다. 요새 많은 친구가 꿈꾸는 유튜브 스타를 주제로 자신과 대화 나누는 친구의 모습을 보시겠어요?

"나는 꼭 유튜브 스타가 돼야 해!"
ㄴ, "왜? 안 되면 안 돼?"
"응, 내가 보기엔 이게 제일 손쉽게 돈을 버는 방법 같더라고."
ㄴ, "그러니까, 돈은 벌고 싶은데 어렵게 돈 버는 게 싫다는 얘기구나?"
"허, 그러네. 그런 얘기가 되네."
ㄴ, "유튜브 스타가 되면 좋지만, 안 된다고 해서 부자가 될 수 없는 건 아니잖아."
"그래, 맞아. 세상에는 내가 모르는 방법이 훨씬 더 많지."

이렇게 자신과 이야기를 주고받다 보면 우리 친구들을 짓누르는 슈드 바이러스에서 점점 벗어날 수 있을 거예요. 이제 여러분의 이야기를 들려주세요.

~~~~~~

~~~~~~

~~~~~~

——————————————————— 스스로 물어보세요

"이걸 안 하면 어떻게 될 것 같은데? 내가 최악의 상황이라고 여기는 일들이 정말 벌어질까? 그럴 가능성이 실제로는 얼마나 될까? 만에 하나 그렇게 된다 치자. 내가 정말 못 버틸까?"

자신에게 맞는 현실적인 기준을 세워 보세요. 제가 퀴즈를 하나 내 볼게요.

> **Q.** 이루지 못할 목표 + 해야 한다는 의무감 = ?

정답은 '나가떨어진다!'예요. 무리한 목표는 때로는 숨 막히는 현실을 외면하고 싶은 마음에 궁리해 낸 피난처일 수도 있답니다. 생각해 보세요. 친구가 한 명도 없던 사람이 '위인들은 모두 편견

없이 다양한 사람들을 친구로 두었어. 나도 그런 사람이 될 테야!'라고 결심한다고 해서 갑자기 절친이 여러 명 생기는 건 아니잖아요. 오히려 현실의 벽에 부딪혀서 마음의 문을 꼭꼭 닫아 버릴지도 몰라요.

'적어도 나는 목표는 정했잖아?' 이렇게 위안을 삼을 수도 있겠죠. 하지만 이것이 진짜로 원하는 게 아님을 자신이 더 잘 알 거예요. 할 수 있는 범위에서 기준을 세우고 자신의 꿈을 명확하게 그려 보세요.

내가 할 수 있는 것들을 해내는 자기 효능감이 중요하답니다. 히말라야 등반을 목표로 하고는 '역시 나는 안 돼' 하고 방구석에 이불 쓰고 누워 있기보다 '나는 동네 뒷산을 우리 집 강아지랑 매일 산책하며 넘어 볼 거야'라는 목표가 훨씬 실천하기도 쉽고, 만족감을 느끼기에도 좋습니다. '나는 SKY에 갈 거야!'라고 결심한 뒤 '역시 나는 안 돼' 하며 학원에 가서 엎드려 자기보다 '오늘은 졸지 않고 선생님 말씀을 잘 들어야지'라는 목표가 자기 효능감을 높여 줍니다.

지금 내게 맞는 현실적인 목표는 무엇인가요?

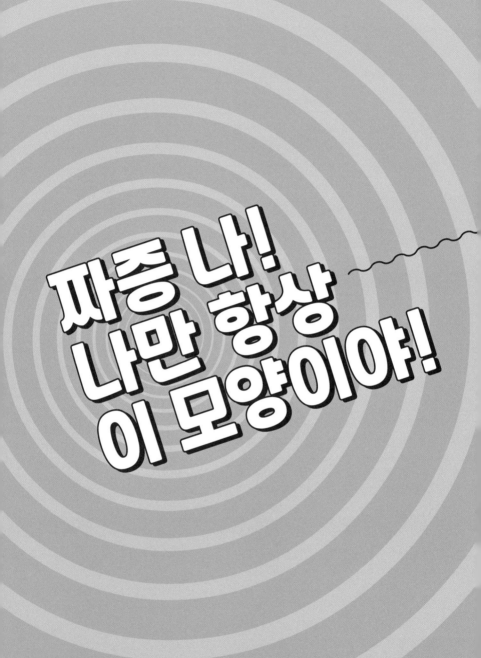

투덜이 바이러스

"어서 일어나! 오늘도 굶고 갈래?"

날카로운 엄마 목소리가 예찬이의 귓전을 때렸다. 못 들은 척, 자는 척 하며 누워 있는데 엄마가 와서 이불을 확 잡아챘다. 예찬이는 억지로 일어났다.

"요즘 아침밥 먹고 다니는 사람이 어디 있어! 이렇게 이른 아침에는 밥 맛도 없다고!"

말 끝머리에 "에이 씨" 소리를 붙이다가, 아빠가 쩨려보는 시선에 얼른 말을 삼켰다. 예찬이는 먹기 싫다는 아침밥은 챙기면서 학교에는 데려 다주지 않는 엄마에게 불만이 많았다. 엄마와 예찬이는 중요하게 생각 하는 게 달라도 너무 달랐다. 엄마는 직장 생활을 하느라 바쁜 와중에 밥 챙겨 주는 게 어디냐며 큰소리지만, 예찬이는 아침밥 따위는 아무래 도 상관없었다. 하지만 예찬이가 아무리 엄마에 대해 불평해도 아빠는 엄마 편만 들었다.

'웃겨, 정말. 그렇다고 둘 사이가 좋은 것도 아니면서.'

투덜이
바이러스

예찬이는 기분이 상한 채로 학교에 갔다. 그런데 교문을 지날 때 체육복
을 집에 두고 온 게 생각났다.

"젠장, 되는 일이 하나도 없어!"

교실에 들어온 예찬이는 의자를 확 잡아당겨 요란하게 앉았다.

"예찬아, 왜 그래? 뭔 일 있어?"

가방에서 교과서를 꺼내는데 옆에 앉은 진욱이가 말을 걸었다. 짝의 차
분한 목소리가 오히려 거슬렸다.

"왜? 시끄럽다고 시비 거는 거야?"

"아니, 무슨 기분 나쁜 일이 있었나 해서."

"됐거든! 네 걱정이나 하세요."

조회가 시작할 무렵이 됐을 때 예찬이는 체육복보다 더 중요한 것을 놓
고 왔다는 걸 깨달았다. 휴대폰을 집에 두고 온 것이다.

"쫌생아(예찬이는 언제나 조용한 자기 짝을 그렇게 불렀다), 너 지금 폰
하냐? 안 하면 좀 빌려줘."

"어, 나 지금 안 하니까 네가 보다가 담임한테 내."

진욱이는 자기 휴대폰을 선뜻 건네주었다. 데이터 써도 되나 물어보려
는데 진욱이가 덧붙였다.

"데이터 무제한이니까 보고 싶은 거 다 봐도 돼."

예찬이네 집에서는 무제한 데이터 같은 건 꿈도 못 꾼다. 짜증이 팍 났
다. 내가 데이터를 쓰면 얼마나 쓴다고 쪼잔한 요금제로 묶어 놓는 거

야, 치사하게? 게다가 학교에서는 와이파이가 안 된다. 그것도 기분 나
빴다. 친구네 학교는 와이파이가 잘 터져서 데이터 걱정 없이 인터넷 접
속을 마음껏 할 수 있다는데, 우리 학교는 뭐든 다 해 줄 것처럼 말만 하
고 막상 되는 건 하나도 없는 것 같아서 신경질이 났다.

꼬이면 전부 꼬이는 법인지 오늘은 급식도 맛이 없었고, 휴대폰이 없어
서 그런지 시간도 너무 느리게 갔다. 수업 시간에 엎드려 한숨 자 볼까
해도 잠조차 안 와서 괴로웠다. 막판에는 수업 태도가 안 좋다고 지적까
지 받았다. 누가 건드리기만 해도 폭발할 기세로 으르렁거리며 하루를
보내고 집으로 가려는데 진욱이가 불렀다.

"예찬아, 내가 오늘 쏠게. 같이 편의점 가서 뭐 사 먹고 갈래?"

"어, 그래?"

예찬이는 얼떨결에 진욱이와 같이 학교 근처 편의점에 갔다.

"쯤생아, 너 용돈이 남아도나 보다? 나 비싼 거 먹어도 돼?"

"응, 맛있는 거 골라. 근데 용돈이 남아도는 건 아니야."

"그래? 잘 먹을게. 근데 너 나한테 왜 이러는 거야? 착한 척하는 건 아
니지?"

"착한 척은. 내가 너한테 그럴 필요가 있냐?"

"하긴, 나 같은 인간한테 잘 보일 필요는 없지."

"그렇다기보다는 아침에 할머니가 친구들한테 맛있는 거 많이 사 주는
게 남는 거라고 말씀하시면서 용돈을 주셨거든. 네가 오늘 기분이 되게

안 좋아 보여서, 할머니가 주신 용돈으로 너랑 맛있는 거 먹어야겠다고 생각했어."

"할머니? 너 할머니랑 살아?"

"응. 엄마 아빠는 멀리 가셨거든."

"멀리, 어디? 미국 계셔?"

"아냐, 미국보다 더 좋은 천국."

진욱이는 미소까지 지으면서 말했다. 생각지도 못한 대답에 머리가 띵해진 예찬이는 뭐라고 말해야 좋을지 몰라 입을 달싹이다가 아이스크림만 묵묵히 먹었다.

"너 몰랐구나? 나 부모님 안 계신 거."

"응…. 너, 괜찮아?"

"글쎄…. 아주 괜찮다고는 할 수 없지. 그런데 할머니한테 엄마 아빠 돌아가신 얘기 자세히 듣고부터는 불평불만 하면서 살지 않으려고 노력해. 내가 아기였을 때 우리 집에 불이 나서, 나만 겨우 살리고 엄마 아빠는 천국으로 가신 거래. 할머니는 내가 엄마 아빠에게 생명보다 귀한 사람이었다고, 그만큼 감사하면서 살라고 항상 말씀하셔. 나도 그 말씀이 맞는 것 같아. 부모님이 보고 싶을 때도 있고 속상하고 열 받을 때도 있지만, 내가 사는 오늘 하루가 엄마 아빠의 생명과 맞바꾼 것인 만큼 잘 살아 내려고."

예찬이는 진욱이의 얼굴을 처음 보는 사람을 보듯 찬찬히 들여다봤다.

오늘 하루 자신이 뿜어냈던 짜증과 분노의 장면들이 머릿속을 빠르게
스쳐 지나갔다.

선생님, 어떡하죠? ─────

"다들 새 휴대폰 갖고 있는데 나만 이게 뭐야!"

"우리 집은 너무 작아! 동생하고 방 같이 쓰는 거 너무 불편하고 싫단 말이야!"

"에이 씨, 버스 놓쳤네. 이러다 지각하겠다."

흠, 내가 바라는 게 채워지지 않으니 충분히 짜증 날 만한 상황이죠? 그런데 짜증과 불평이 어떻게 자라나는지 한번 보세요.

"다들 새 휴대폰 갖고 있는데 나만 이게 뭐야!"

ㄴ "오빠는 뭐든 새 걸로 사 주면서 왜 나한테는 짜게 굴어?"

ㄴ "난 없는 거 투성이야. 내가 너무 불쌍해. 불행하다고!"

"우리 집은 너무 작아! 동생하고 방 같이 쓰는 거 너무 불편하고 싫단 말이야!"

ㄴ "엄마 아빠가 능력이 없으니까 자식들이 고생하는 거잖아."

ㄴ "능력이 없으면 낳질 말든지."

"에이 씨, 버스 놓쳤네. 이러다 지각하겠다."

ㄴ "기사 아저씨, 진짜 짜증 나. 내가 뛰어오는 거 봤으면서 그냥 가냐!"

투덜이
바이러스

└ "나는 되는 일이 하나도 없어!"

어때요? 작은 불평이 순식간에 무럭무럭 자라는 게 보이나요?
물건(휴대폰) 하나 없다고 불행해지고, 동생과 잠깐 다툰 건데 부
모님이 무능력자가 되고, 버스 한 대 놓쳤다고 인생을 비관하죠.
투덜거림은 이처럼 순식간에 뿌리를 넓고 깊게 내려요. 그리
고 원망과 분노의 열매를 주렁주렁 맺지요. 투덜이 바이러스가 제
일 좋아하는 환경은 다른 사람과 비교하는 거예요. 친구의 새 휴
대폰과 낡아 빠진 내 휴대폰을 비교하고, 혼자 방을 쓰는 누군가
와 좁아터진 우리 집을 비교하고, 제시간에 버스를 타는 데 성공
한 사람들과 길바닥에서 씩씩대는 자기를 비교하는 거죠. 비교하
는 건 우리만 그러는 게 아니에요. 하버드대 학생들과 교직원 등
을 대상으로 한 유명한 연구가 있어요. 내 연봉이 5만 달러이고
다른 사람들 연봉이 2만 5000달러인 경우, 내 연봉이 10만 달러
이고 다른 사람들 연봉이 20만 달러인 경우를 놓고 선택해 보도
록 했죠. '다른 사람들'이라는 조건이 없다면 당연히 모든 사람이
5만 달러 대신 10만 달러를 선택할 거예요. 그런데 다른 사람들과
비교하는 조건을 넣었더니 무려 56퍼센트의 사람들이 5만 달러
짜리 연봉을 택했다고 해요.
그런데 우리는 과연 잘 알고 비교하는 중일까요? 우리 눈엔

좋아 보여도 그 사람들 역시 나름의 사연이 있을지도 몰라요. 데이터 빵빵한 새 휴대폰을 갖고 있는 친구는 부모님과 사이가 안 좋고요, 넓은 집에 살지만 친구가 없어서 외로운 사람도 있을 거고요, 내가 놓친 그 버스에 타고 있는 사람도 목적지가 멀어 이미 지각한 상태일 수도 있어요.

투덜이 바이러스에 감염된 사람들은 감사하는 마음을 잃어버린 사람들이에요. 나 빼고 모든 사람이 다 잘나가고 행복하다는 생각에 "감사가 뭐예요?"라고 묻고 있는 셈이지요. 이런 친구들을 보면 '역(逆) 우물 안 개구리' 같다는 생각이 들어요. 우물 안 개구리는 좁은 우물 안에서 제 잘난 맛에 살잖아요. 자신만큼 잘난 개구리는 이 세상 어디에도 없다고 뻐기면서 우물 안을 유유히 헤엄치죠. 반면 역 우물 안 개구리는 다들 잘 먹고 잘사는데 왜 나한테만 이런 일들이 생기는지 정말 짜증 난다고 불평을 터뜨린답니다. 이 개구리 두 마리는 모두 틀렸어요. 넓은 세상에는 나보다 잘난 사람도, 나보다 어려운 사람도 존재하기 때문이에요. 우물 밖으로 나와 세상을 보면 자기 존재가 생각만큼 끔찍했던 것도, 또는 잘났던 것도 아님을 보게 되지요. 마치 예찬이가 진욱이의 상황을 알게 된 것처럼요.

지금 자신의 모습을 한번 보세요. 잔뜩 찌푸리고 있진 않나요? 무슨 일이 생겨도 투덜거릴 일이 먼저 떠오르나요? 말끝마다

투덜이
바이러스

"에이 씨"를 달고 살지는 않나요? 그렇다면 자신을 위해서라도 투덜이 바이러스와 헤어지기로 결심하면 좋겠어요. 나를 위해서라니, 왜 그럴까 궁금하죠? 불평이 많은 친구와 함께 뭔가를 같이한 기억을 떠올려 보면 이해가 갈 거예요. 수학여행 때 방을 같이 썼을 수도 있고, 조별 활동을 같이했을 수도 있겠네요. 그런 친구와 오래 있으면 나도 모르게 힘이 빠지고 짜증이 나요. 덩달아 신경질을 부리게 될 수도 있고요. 그건 투덜이 바이러스의 전염력이 매우 강한 데다가, 옮는 즉시 우리가 가진 에너지를 갉아먹기 때문이에요.

그런 친구와 함께 있는 것만으로도 힘이 드는데 만일 내가 불평을 끌어안고 있다면? 일상생활이 순식간에 바이러스 판이 돼 버리겠죠. 모든 게 못마땅하게 느껴질 거예요. 열정적이고 역동적인 삶 따위는 꿈 같은 헛소리가 되겠지요.

질병 중에 '죽상경화증'이라는 것이 있어요. 흔히 동맥경화증이라는 이름으로 알려진 이 병은 혈액 속에 콜레스테롤이 많은 사람에게 나타나요. 이 병에 걸리면 동맥혈관 내벽에 지방과 세포 덩어리가 쌓이기 때문에 혈관이 좁아져서 피가 원활하게 돌지 못해요. 자칫하면 협심증, 뇌졸중 등 심각한 병으로 이어질 수 있는 무서운 병이랍니다.

불평은 이와 같이 우리 마음에 죽상경화증을 일으켜요. 열정과 에너지의 순환을 방해해서 삶을 무기력하게 만들고 각종 부작용을 일으키지요. 그러니 투덜이 바이러스로부터 탈출하고 싶다면 함께 다음 단계로 가 보자고요!

이렇게 해 봐요! —————————

————————————————— 감사하기로 결심하세요

감사에는 참 이상한 특징이 있어요. 감사를 하지 않으면 그걸로 끝나는 게 아니라 텅 빈 그 자리를 불평불만이 대신 메운다는 거예요.

빛과 어둠을 생각해 보세요. 빛이 없는 자리엔 반드시 어둠이 있고요, 어둠이 없는 자리엔 반드시 빛이 있지요. 감사와 불평의 관계는 빛과 어둠의 관계와도 같아서 감사가 없는 자리에는 불평이 스멀스멀 들어와 똬리를 틀고 만답니다.

불평불만이 삶의 열정을 뚝 떨어뜨린다고 했죠? 감사는 어떤 형태의 불평불만도 녹여 버리는 초강력 에너지를 갖고 있답니다. 당연히 삶의 열정이 샘솟아 나겠죠.

감사는 결단에서 시작한답니다. 어떤 결단이냐고요? 바로 조건에 상관없이 감사하는 거예요. 자, 지금 바로 감사할 것들을 찾아보세요. 이상하게 들리겠지만 지금까지 불평과 짜증의 대상이었던 것들이야말로 감사할 대상이 될 수 있답니다.

'작년 내 생일에 엄마가 새 휴대폰을 사 주지 않아서 감사해.

이번에 새로 나온 휴대폰을 살 수 있으니까. 참았다가 갖게 되면 기분이 더 좋을 테니까 잘 기다려야지.'

'동생과 같이 방을 쓰면서 짜증 날 때도 있지만 감사해. 자기 전에 이런저런 얘기를 나눌 수 있잖아? 가끔은 동생에게 방 청소도 시킬 수 있고.'

'아무 일도 없는 평범한 날에 늦게 일어났으니 다행이지 뭐야. 버스는 놓쳤지만 조금만 일찍 일어나는 습관을 들여야겠다고 마음먹게 됐잖아. 수능 날이나 시험 보는 날처럼 특별한 날이 아니라서 참 감사하다.'

내 주변에서 감사할 일들을 찾아보세요.

──────────────────────────── 감사에도 연습이 필요해요

처음부터 잘 되지 않는다고 실망하지 마세요. 처음부터 잘했다면 이 책을 볼 필요도 없었겠죠. 투덜이 바이러스는 조금이라도 틈이 보이면 파고드는 무서운 녀석이라 감염되지 않은 사람이 거의 없어요. 그러니 너무 조급해하지 말고 편한 마음으로 시작하세요.

감사할 것을 찾기 위한 시간을 따로 내는 걸 권해 드려요. 편안한 마음으로 5분 정도 자리를 잡고 앉아 오늘 감사할 것을 다섯 개씩 찾아 적어 보는 방법을 권합니다. 작은 일도 괜찮고 큰일

도 좋아요. 앞에서 배운 감사의 결심이 말로만 그치지 않도록, 할 당량을 채우는 심정으로 찾아보세요. 감사할 거리를 적을 때에는 감사한 내용을 자세히 떠올리면서 적어 보면 더욱 좋아요. 자세히 쓰기까지 할 필요는 없지만(그랬다가는 귀찮아서 하루도 못 가 포기하기 쉬우니까요) 감사의 내용이 내 마음을 충분히 적실 수 있도록 떠올리면서 해 보면 좋겠어요.

'아, 짜증 나! 그렇게까지 할 필요가 있어?'라고 생각한다면 아직 투덜이 정신을 버리지 못한 거예요. 처음의 결심을 다시 떠올려 봅시다!

예 나의 감사 연습 :
나는 매일 오후 9시 30분에 내 방에서 감사 연습을 하기로 결심합니다. 나는 내가 좋아하는 다이어리(혹은 짧은 노트 앱)에 감사한 것을 적어 넣을 겁니다.
나의 감사 연습 :
나는 매일 ﹏﹏ 시 ﹏﹏ 분에 ﹏﹏﹏﹏﹏ 에서 감사 연습을 하기로 결심합니다. 나는 내가 좋아하는 ﹏﹏﹏﹏﹏ 에 나의 감사를 적어 넣을 겁니다.

─────────────────────────────── 다른 사람의 결점에 집중하지 않아요

불평불만은 나 때문에 터져 나오기도 하지만, 주변 사람들 때문에 폭발하는 경우가 훨씬 많답니다.

오늘은 누구 때문에 '재수 없는 날'이 됐나요? 누가 내 기분을 상하게 했나요? 생각하기조차 싫더라도 훈련이라 생각하고 떠올려 보세요.

존중받기를 원하면서 나를 존중할 생각은 눈곱만큼도 없는 엄마? 유유히 가 버린 버스 기사 아저씨? 내가 아끼는 걸 몰래몰래 쓰면서 약 올리는 얄미운 동생? 아니면 학교에서 나를 힘들게 하는 수많은 친구 녀석들?

생각만 해도 짜증이 치밀죠? 하지만 마음을 조금만 가라앉히고 생각해 봐요. 그들에게도 좋은 점이 분명 있다고요. 만일 그들에게 좋은 점이 정말 한 톨도 없다면 나는 지금 '인내력이 쑥쑥 자라나게 하는 마음 체력 단련장'에 살고 있는 거라고 생각해 보면 어떨까요?

멋진 건물이 새로 생기거나 지하철이 놓이면 완공 후에는 모두에게 좋죠. 그전까지는 공사 중이라 복잡하고, 먼지 나고, 길 막히고, 시끄럽고, 힘들죠. 사실 우리 모두는 아직 '공사 중'이에요. 지금 당장은 허점이 많지만 앞으로 근사하게 완공될 가치 있는 존재죠!

**투덜이
바이러스**

　다른 사람 때문에 일이 꼬이고 짜증 날 때, 그들 역시 짜증 나는 나를 참아 주고 사랑해 주었다는 사실을 떠올리며 감사해 보는 건 어떨까요? 갑자기 감사할 거리를 찾는 건 쉽지 않으니 선생님이 구체적인 상황을 준비했어요. 짜잔!

∘ 나의 감사 목록 ∘

- 아침에 눈을 떴을 때 몸이 찌뿌둥하지 않고 개운했다.
- 화장실에서 쾌변했다.
- 버스 타고 학교 갈 때 사람이 별로 없었다.
- 학원 가는 길에 하늘이 너무 예뻤다.
- 학교에서 점심시간에 축구를 했는데 내가 골을 넣었다.
- 친구들에게 재미있다는 소리를 들었다.
- 선생님에게 진로 상담을 받았는데 고민이 약간 해결됐다.
- 경비 아저씨께 용기 내서 인사를 드렸는데 웃어 주셨다.
- 학원에서 모의시험을 봤는데 전보다 점수가 올랐다.
- 밥 먹을 때 까먹고 있었던 숙제를 해서 선생님에게 안 혼났다.
- 잠잘 때 꿈도 안 꾸고 푹 잤다.
- 컴퓨터 할 때 아무 생각도 안 할 수 있어서 좋았다.
- 화가 날 때 바로 터트리는 대신 음악을 들으며 진정시켰다.
- 방문을 열면서 내 공간이 작게나마 있어서 좋다고 생각했다.
- '공사 중'인 나에게 용기를 주기 위해 좋은 말들을 포스트잇에 써서 책상 앞에 붙였다.
- '공사 중'인 단비에게 나의 인생 책을 선물했다.

◦ 나의 감사 목록 ◦

- 아침에 눈을 떴을 때 ～～～～～～～～～～～～～～～
- 화장실에서 ～～～～～～～～～～～～～～～～～～～～
- 버스 타고 학교 갈 때 ～～～～～～～～～～～～～～～～
- 학원 가는 길에 ～～～～～～～～～～～～～～～～～～
- 학교에서 ～～～～～～～～～～～～～～～～～～～～～
- 친구들에게 ～～～～～～～～～～～～～～～～～～～～
- 선생님에게 ～～～～～～～～～～～～～～～～～～～～
- 경비 아저씨께 ～～～～～～～～～～～～～～～～～～
- 학원에서 ～～～～～～～～～～～～～～～～～～～～～
- 밥 먹을 때 ～～～～～～～～～～～～～～～～～～～～
- 잠잘 때 ～～～～～～～～～～～～～～～～～～～～～～
- 컴퓨터 할 때 ～～～～～～～～～～～～～～～～～～～
- 화가 날 때 ～～～～～～～～～～～～～～～～～～～～
- 방문을 열면서 ～～～～～～～～～～～～～～～～～～
- '공사 중'인 나에게 ～～～～～～～～～～～～～～～～～
- '공사 중'인 (   )에게 ～～～～～～～～～～～～

───────────────────────── 고개를 들어 주위를 둘러보세요

이 세상엔 나보다 잘난 사람도 많지만, 나보다 못해 보이는 사람도 많아요. 그리고 그 잘났다 못났다 하는 기준들, 딱 10미터만 떨어져서 보면 아무것도 아닐걸요? 나에게는 지긋지긋한 학교가 누군가에게는 간절함이랍니다. 오랜 기간 투병하는 아이들의 평생 소원은 거창한 게 아니에요.

"친구들과 운동장에서 공 차고 싶어요."
"내 발로 학교에 걸어가서 친구들과 같이 공부도 하고 점심도 먹고 싶어요."

그 아이들이 가장 하고 싶어 하는 일들은 여러분이 매일 지겹도록 하고 있는 일 아닌가요? 나보다 부족해 보이는 사람들을 보면서 위안으로 삼으라는 소리가 아니에요. 다만 내가 지금 당연하게 누리고 있는 것들이 다른 사람들에게는 눈물 나게 부러운 일일 수도 있다는 사실을 기억하자는 거죠.

행복과 감사는 다분히 주관적이랍니다. 나의 처지가 불행하다고 생각하면서 머리만 쥐어뜯지 말고요. 나보다 더 가진 친구를 향해 웃어 보일 수 있는 진짜 여유, 진짜 자신감을 소유한 멋진 십대 여러분이 되기를 응원합니다.

완벽주의
바이러스

'한심해, 정말! 그렇게 쉬운 문제를 틀리다니….'

학교를 마치고 집에 돌아가는 길, 어깨가 축 처진 현주는 금방이라도 눈물을 뚝 흘릴 것 같다. 발단은 수학 시간이었다.

"자자, 시험이다. 다들 책 덮어!"

선생님의 기습이었다.

"뭐예요, 선생님! 저번 시간에 시험 본다는 얘기 없었잖아요!"

반항해 봐야 어쩔 수 없다는 걸 알면서도 아이들은 목소리를 높였다. 눈치가 보여 덩달아 목소리를 보탰지만 현주는 속으로 웃음을 지었다. 수학이라면 자신 있었다. 수학을 워낙 좋아하는 데다가 점수까지 잘 나와서 다른 친구들의 부러움을 톡톡히 사는 현주가 아니던가. 구시렁대는 짝에게는 미안했지만 시험이 반가운 건 사실이었다. 시험은 그동안 열심히 공부한 걸 확인할 수 있는 기회였으니까.

'좋았어!'

시험지를 받아 든 현주는 자신 있게 답을 써 내려갔다. 평소에 공부했던 문제들이 고스란히 나왔다. 열심히 문제를 풀고 혹시 모를 실수에 대비해 몇 번을 다시 봤다. 고수들의 세계에서 꼼꼼한 점검은 기본 중의 기본이었다.

'솔지 쟤는 이렇게 쉬운 걸로 웬 한숨이래? 저러다 머리 다 빠지겠네.'

짝꿍인 솔지는 머리카락을 한 움큼 움켜쥔 채 끙끙거리고 있었다. 현주는 벌써 다 풀었냐는 듯 바라보는 선생님의 시선을 수줍게 피하며 어깨를 으쓱해 보였다. 하지만… 행복은 한 사람에게 오래 머물 생각이 없는가 보다.

"자, 이제 짝이랑 시험지 바꿔."

선생님은 정답을 바로 불러 주지 않고 아이들을 지목해 답을 말하게 했다. 그리고 7번 문제에서 선생님은 솔지를 지목했다. 솔지가 답을 말하자 선생님의 얼굴에 묘한 웃음이 번졌다.

"내가 이럴 줄 알았다. 잘하는 애들도 이 문제는 꼭 틀리더라."

현주는 얼굴이 새빨개졌다.

'틀렸다고? 말도 안 돼!'

채점이 끝나고 선생님은 다섯 개 이상 틀린 아이들은 다음 주에 따로 시험을 보겠다며 으름장을 놓았다. 현주는 고개를 푹 숙였다. 누가 보면 다섯 개도 못 맞힌 줄 알겠지만 틀린 건 7번 문제 하나였다. 하지만 현주는 자신을 용납할 수 없었다.

'이래 놓고 선생님 앞에서 잘난 척을 했다니…. 선생님이 나를 어떻게

생각할까?'

현주는 자신이 너무 한심해서 견딜 수가 없었다. 다른 문제를 다 맞힌 것은 새카맣게 잊은 채….

완벽주의
바이러스

선생님, 어떡하죠? ———

누구도 도달할 수 없는 높은 기준을 세우고 스스로 자랑스럽게 생각하는 것, 하지만 돌아서서는 그 기준에 닿을 수 없는 현실 때문에 괴로워하는 것, 이것이 완벽주의 바이러스에 걸린 사람들의 특징이에요. 완벽주의의 함정에 빠지면 남들이 아무리 잘했다고 칭찬해도 본인은 절대로 인정하지 않아요. 실제로는 꽤 잘했는데도 말이죠.

현주의 얘기로 다시 돌아가 볼게요. 현주는 고작 한 문제를 틀리고도 하루 종일 우울해했어요. 선생님이 일부러 까다로운 문제만 내서 다섯 문제도 못 맞힌 아이들이 삼분의 일이 넘은 데다, 다 맞힌 아이는 딱 한 명밖에 없는 데도요. 현주는 밤늦도록 틀린 문제를 복습하고 유사 문제를 찾아서 풀었지만 직성이 풀리지 않았어요. 그러는 동안 자신을 한심해하며 자학한 것은 말할 것도 없고요. 다음 날 아침에 눈을 떠서도 그 문제를 놓쳐 선생님의 비웃음을 사고 몸을 피곤하게 한 자신을 마음으로 한 번 더 쥐어박았지요.

이런 스타일의 사람들을 좀 더 살펴볼게요.

완벽주의
바이러스

완벽주의의 함정은 공부와만 관련이 있는 게 아니에요. 완벽주의가 외모지상주의를 만나면 그야말로 환상의 짝꿍이 되지요. 청소년들이 가장 민감하게 여기는 부분 중 하나가 바로 외모잖아요. 외모 완벽주의에 빠지면 누가 봐도 예쁘고 잘생긴 얼굴인데도 스스로를 절대 인정하지 않지요. 아주 어린 나이인데도 성형 수술하고 싶다며 엄마를 졸라 대거나 반대로 거울 기피증에 빠질 정도로 자신감을 잃어버리는 안타까운 경우가 생긴답니다.

이런 친구들의 일반적인 특징은 잘하려는 마음이 너무나 커서 조금만 마음에 안 들어도 쉽게 짜증을 낸다는 거예요.

"오늘따라 왜 이렇게 드라이가 안 먹는 거야. 아, 짜증 나."
"괜찮은데 뭘 그래?"

옆에서 보고 있던 엄마가 한마디 건네면 새끼 뺏길까 두려운 어미 개가 따로 없어요. 이빨을 드러내고 으르렁거리죠.

"엄마는 맨날 괜찮대! 여기 앞머리 서 있는 거 안 보여?"

그래요. 다른 사람 눈에는 정말 안 보인다니까요. 또 이런 친구들은 조그만 실수를 용납하는 법이 없어요. 동생 딴에는 책상을 깨끗이 치운 건데도 마음에 들지 않아 버럭 성질을 내지요.

"야, 너! 책상이 이게 뭐야! 썼으면 제대로 치워 놔야지. 지우 개 가루, 네 눈에는 안 보여?"

공부할 때도 그런 성향이 드러나지요. 시험 전날, 수학 문제를 풀다가 한 번 막히면 그냥 넘어가질 못해요. 다음 날 함께 보는 제 2외국어와 음악 과목에는 아예 손도 못 대죠. 시험 시간은 말할 것도 없고요. 한 번 막히면 그다음 문제로 넘어가지 못해서 나머 지 문제는 시간에 쫓겨 찍기 일쑤죠. 그러고는 매번 그런 자신을 멍청하다고 욕해요.

이런 친구들은 어설프게 할 바에는 아예 시작도 안 하는 게 낫 다고 생각해요. 자신의 부족한 모습을 차마 못 보니까요. 그래서 잘 못하거나 자신 없는 일을 해야 할 상황을 만나면 그 자리를 모 면하고 싶어 합니다. 이렇게요.

'도대체! 왜! 수업이나 할 것이지, 오락은 무슨 오락이야! 아오, 어떡하지? 개인기도 없고…. 그냥 배탈 났다고 하고 양호실에 가 있을까?'

지금까지 살펴본 이야기에서 공통적으로 발견할 수 있는 건, 도달할 수 없는 높은 기준은 의욕과 자신감을 빼앗는다는 거예요. 새로운 도전 자체를 주저하게 만들고요.

살아가는 데 있어 성취감은 매우 중요하답니다. 목표가 달성 가능해야 성취하기가 쉽고, 목표를 이루었을 때의 성취감을 느껴 봐야 또 다른 일에 도전할 용기와 힘을 얻지요. 그런데 완벽주의 바이러스에 걸리면 목표가 워낙에 높기 때문에 해 보기도 전에 지쳐. 성취감을 느끼기란 거의 불가능하지요. 그래서 높은 곳을 향해 나아가려는 내 마음과는 달리 오히려 제자리걸음을 하게 된답니다.

요즘은 보기 힘들지만 예전에는 LP 레코드판이 있었어요. 턴테이블의 바늘이 레코드판에 새겨진 홈을 따라 돌아가면서 소리를 내는 거죠. 레코드판은 세밀하게 홈을 파 놓은 거라서 조금만 잘못해도 흠집이 나요. 이렇게 흠집이 난 레코드판을 턴테이블에 걸면 바늘이 홈을 따라 돌다가 흠집에 걸려 다음 자리로 넘어가지 못하고 똑같은 부분을 끊임없이 돈답니다.

완벽주의 바이러스도 이와 마찬가지로 내 안의 열정에 흠집을 냅니다. 뭔가 열심히는 하는데 늘 제자리이고 다음 단계로 나아가지 못하게 하지요.

이렇게 해 봐요! ———————

——————————————— 손을 떼는 연습을 해 보세요
'완벽주의 바이러스에 걸렸다'라고 생각되면, 공부든 일이든 중간
쯤에서 손을 떼는 연습을 해 보세요. 충분하지 않다는 생각이 들
어도 미련 없이 돌아서는 거예요.

가령 영어 단어를 외우는데 잘 외워지지도 않고 시간만 간다
싶으면 거기에서 멈추세요. 아마 처음에는 뭔가 불안할 거예요.
눈과 손으로는 다른 일을 시작했지만 마음은 좀 전에 보던 단어
장으로 자꾸 돌아가려고 할 거예요. 예민한 사람이라면 속이 꼬이
고, 목이 타는 느낌이 들 수도 있어요. 이렇게 불안한 마음이 여러
가지 모양으로 삐질삐질 새어 나오더라도 꾹 참고 큰 소리로 자
신에게 얘기해 주세요.

"그래! 이만하면 됐어."
"더 한다고 뭐가 크게 달라지겠어? 이 정도면 충분해!"

불안한 마음에 목소리가 떨려도 큰 소리로 말하는 게 중요해
요. 대체 어디쯤에서 멈춰야 할지 모르겠다면 친구들에게 물어보

세요. 완벽주의 바이러스에 걸린 사람들은 누군가의 질문에는 대답을 잘해 주면서 정작 물어보지는 못하죠. 자존심이 상하거든요. 하지만 완벽주의 바이러스에서 벗어나고 싶다면 마음을 다잡고 물어보세요.

"넌 영어 단어 하나 외우는 데 몇 분이나 걸려?"

──────────────── 시간 계획을 대략적으로 짜 보세요
대략적인 시간을 정해 놓아야 중간에 손을 떼기가 쉽겠죠?

- 8시부터 10시까지는 수학 문제를 풀겠어.
- 아침에 드라이하는 시간은 15분이 넘지 않게!
- SNS는 저녁 먹고 딱 한 시간만 하기!
- ~~~~~~~~~~~~~~~~~~~~~~~~~~~~~~~~~~~~
- ~~~~~~~~~~~~~~~~~~~~~~~~~~~~~~~~~~~~
- ~~~~~~~~~~~~~~~~~~~~~~~~~~~~~~~~~~~~

자신이 정한 시간이 넘으면 과감하게 다른 일로 넘어가세요. 이때 완벽한 시간표를 짜겠다며 시간을 허비하지 않도록 주의하세요! 완벽주의 바이러스는 작은 틈새만 봐도 비집고 들어가 자

리를 삽는 아주 영악한 녀석이거든요.

─────────── 사소한 일에도 과감하게 칭찬해 주세요
지나치게 완벽해지려는 행동에서 한 번이라도 벗어났다면 큰 소
리로 칭찬해 주세요.

"해냈어! 다음번엔 더 잘할 수 있을 거야."
"계획한 시간 안에 여기까지 공부하다니 난 역시 짱이야!"

언제 칭찬해야 할지 모르겠다고요? 완벽주의 바이러스에 완
전히 점령당했다면, 이렇게 여유를 찾아가는 과정에서도 100퍼
센트 완벽해야 한다는 부담감을 느낄 수 있어요. 하지만 단 한 번
의 시도라도 의미가 있답니다. 또 시도하는 족족 실패한다고 해도
시도조차 하지 않은 것보다는 훨씬 낫잖아요. 어느 날 적당히 흐
트러진 자신의 모습을 발견하게 되면 당황하지 말고 머리를 쓰다
듬어 주세요.

─────────── 잘못한 것보다 잘한 것에 주목하세요
이 세상에 완벽이란 게 정말 존재할까요? 존재한다고 믿는 사람
들의 눈에 가장 한심해 보이는 사람은 바로 자기 자신이에요. 하

지만 신이 아니라면 누구도 완벽하지 않아요. 누구나 실수할 수 있어요. 중요한 건 실수를 안 하는 게 아니라, 같은 실수를 반복하지 않도록 노력하는 거겠죠. 현주와 같은 경우라면 틀린 문제 하나에 집착하지 말고 맞힌 아홉 문제를 보도록 애써야 해요.

자신의 실수를 도무지 용납하기 어려운 친구라면 맨 앞에 나와 있는 '낮은 자존감 바이러스'(14쪽)를 다시 읽어 보고 거기에서 제안한 방법을 함께 활용해 보세요.

───────────── 할 수 있을 만큼만 기준을 세워요
자신이 완벽하다는 생각에 우쭐해 하는 친구들은 완벽함을 위해 쏟아붓는 노력을 멈추기 어려울 거예요. 속마음을 가만히 들여다보세요. 완벽해지려고 하는 그 순간의 자기 모습에 도취된 것은 아닌지. 그 결과로 얻는 것은 부자연스러움, 경직됨, 자기 비난, 에너지 고갈뿐이에요. 옆 페이지의 질문에 대한 답을 채우면서 나에게 맞는 적절한 기준을 찾아보기로 해요.

잊지 마세요. 적절한 목표는 의욕을 자극하지만 너무 높은 기준은 해 보지도 못한 채 포기하게 만든다는 사실을!

◦ 나만의 기준 찾기 ◦

❶ 그동안 너무 높게 잡았던 목표, 너무 잘하려고 애썼던 일을 적어 보세요.

~~~~~~

~~~~~~

❷ 이렇게 완벽하려고 노력할 때 좋은 점은 뭘까요?

~~~~~~

~~~~~~

❸ '완벽'으로 나를 몰아갈 때 힘들었던 점은 무엇인가요?

~~~~~~

~~~~~~

❹ 내가 잡은 목표나 기준을 조금 낮춘다면 어떻게 될까요?

~~~~~~

~~~~~~

열정으로 무장한 진짜 '나'를 만나길

　책의 맨 뒤에 실린 이 토막글까지, 잘 오셨어요. 여기까지 오는 데 많은 시간이 걸렸을 거예요. 그건 저도 마찬가지랍니다. 단순히 "이 책 한 권 읽는 데 한 시간 걸렸니? 두 달 걸렸니?" 하는 이야기가 아닌 것, 눈치채셨지요?

　네, 이 책에 담긴 많은 이야기는 저 자신의 이야기이기도 하고요. 저의 소중한 가족들, 삶의 고비마다 옆에 있어 주었던 친구들, 그리고 참으로 감사하게도 자신의 속마음을 열어 저에게 보여 줄 용기를 냈던 분들의 이야기입니다. 독자분들에게 공감이 간다는 이야기를 제일 많이 들었는데요. 아마도 실제 있었던 일들로 이야기를 채웠기 때문이 아닐까 싶습니다. 개정판을 내면서는 요새 십대 친구들이 어떻게 사는지 감을 잡기 위해 조카들의 도움을 많이 받았어요. 현장의 생생한 이야기를 들려준 신중겸, 신혜준에게 이 자리를 빌려서 감사를 전합니다.

　저는 여러분이 지금 그대로도 충분히 존귀하고 소중하며 축복받은 존재라고 생각해요. 우주를 통틀어 나란 존재는 딱 하나뿐이잖아요. 다른 누구도 대신할 수 없는 그 자리에 떡! 버티고 있는 게 바로 여러분이죠. 그래서 누가 뭐라고 해도, 지금 어떤 상황에 있다 해도, 여러분이 소중한 사람이란 사실은 달라지지 않아요.

　그렇기 때문에 이 책을 읽는 동안 발견한 나의 문제, 나의 바이러스는 의미가 있어요. 쓰레기통에 던져 넣을 휴지에는 흙탕물이 튀어도 괜찮지만, 내 소중한 휴대폰에 흙탕물이 튀면 괜찮지 않잖아요. 여러분이 소중하기 때문에 책을 읽으면서 발견한 여러분의 문제, 여러분의 바이러스가 의미 있는 거죠.

문제가 하나도 없는 사람은 없어요. 그렇지만 문제를 가진 채로 그냥 있을 건지, 아니면 그 문제를 딛고 일어설 건지, 뚝딱 해결하지는 못해도 이렇게도 해 보고 저렇게도 해 보고 기다려 보기도 하면서 방법을 찾아볼 건지 결정하는 사람은 얼마든지 있답니다. 문제를 가진 분들이, 그 문제를 다루는 방법을 배우면서 어려움을 딛고 일어나는 것을 저는 수없이 지켜봤거든요. 그분들과 함께 시행착오를 거듭하면서 찾은 해결책을 이 책에 담았습니다.

나의 연약한 부분을 극복하고 조금이라도 열정적이고 순수하게 저력을 발휘하며 살고 싶다면, 여러분의 마음을 두드린 것 중 단 하나만이라도 행동으로 옮겨 보세요. 순수한 열정이 넘치는 나, 웬만한 어려움쯤은 가볍게 뛰어넘는 나, 꿈을 향해 힘차게 달려가는 나, 남들과 비교하지 않고 지금의 나를 있는 그대로 받아들이고 사랑하는 나, 건강한 마음으로 친구들과 함께 활기차게 오늘을 살아가는 나, 오늘보다 내일이 더 기대되는 나를 만나게 될 거예요.

혹시 온갖 바이러스에 감염돼 있는 나를 발견하셨나요? 흠, 시간이 좀 걸리겠지요. 그렇지만 그것이 구제 불능이라거나, 이번 생은 아닌가 보다 하면서 다 포기해야 한다는 뜻은 결코 아니에요. 나는 무수한 가능성을 가진 채 싹 트기를 기다리는 씨앗과 같거든요. 내가 바라는 모습은 이미 내 안에 들어 있을 수도 있어요. 단지 아직 겉으로 드러나지 않았을 뿐이죠. 적당한 습기와 온도, 적당한 영양분, 그리고 적당한 시간이 지나기를 기다리고 있을지도 몰라요.

이제까지 미처 몰랐던 나의 진짜 모습을 발견하고, 십대다운 열정으로 무수한 가능성을 힘차게 싹 틔우고 가지를 쭉쭉 뻗어나갈 여러분의 모습을 설레는 마음으로 지켜보겠습니다.

내 삶을 망가뜨리는 바이러스 퇴치법

십대답게 살아라

초판　1쇄 펴냄 2008년 12월 15일 | 34쇄 펴냄 2020년 1월 8일
개정판 1쇄 펴냄 2021년 1월 4일 | 3쇄 펴냄 2022년 4월 20일

지은이 문지현

펴낸이 고영은 박미숙
펴낸곳 뜨인돌출판(주) | 출판등록 1994.10.11.(제406-251002011000185호)
주소 10881 경기도 파주시 회동길 337-9
홈페이지 www.ddstone.com | 블로그 blog.naver.com/ddstone1994
페이스북 www.facebook.com/ddstone1994 | 인스타그램 @ddstone_books
대표전화 02-337-5252 | 팩스 031-947-5868

ⓒ 2021 문지현

ISBN 978-89-5807-789-3　03190